斜槓荷包

薪水別越賺越窮！小資必備的懶人理財術

Slash Purse

花小錢打造愜意質感生活

【馬太效應】
少的就讓他更少，多的就讓他更多！

【投資與消費大不同】
購買的東西以後會貶值嗎？

【剩下的才是財富】
富有不是每月賺多少，而是每月剩下多少！

【勤儉不如能賺會花】
有錢卻不懂消費，就只是不折不扣的守財奴！

喬有乾，高沛 著

目錄

第 4 章　駕馭財富，讓錢生錢

第 5 章　理性消費，會省錢等於會賺錢

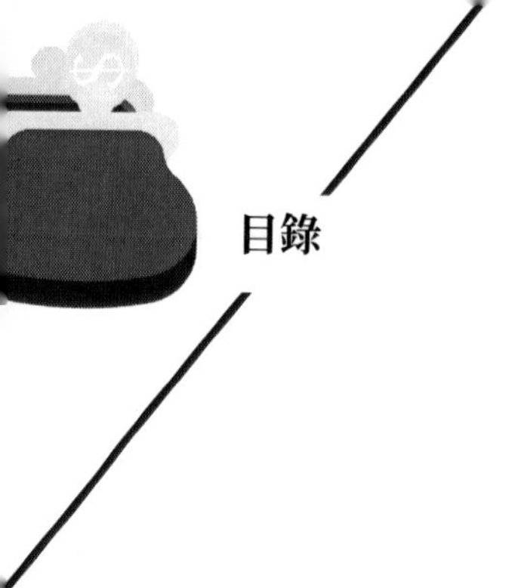

目錄

前言

作為小資族，你是否覺得錢總是不夠花，你是否期盼日子越過越好？相信你的回答是肯定的。

在整個社會生活中，所謂真正的有錢人畢竟占少數，小資族、中下階級百姓仍占極大多數。在拿底薪的小資族中，因為各人所從事的職業、所擔任的職務不同，收入會有很大差別，事實上，越是沒錢的人越需要理財。在這場「人生經營」過程中，越窮的人就越輸不起，對理財更應要嚴肅而謹慎的去看待。

食品費、醫療藥品費、教育費、水電瓦斯費等生活必需品支出，是家庭維持生計基本的消費。這些支出項目價格上的上漲，即便是看起來幅度不大的上漲，對低收入者也會產生很大的影響 —— 因為他們支出的大部分，甚至絕大部分都用於此。因此，正確使用這有限的資金，安排好自己的家庭生活，就顯得越發重要。如果沒有一個合理有效的理財計畫，便常常會出現「月首富月底窮」的情況，捉襟見肘不說，還會影響家庭和睦與生活品質。

一般來說，每一個小資家庭儘管其情況不同，但在花錢消費上卻大致相同，不外乎是食衣住行、撫養孩子、孝敬老人、儲蓄保險、人情往來等五大方面，其中又因其輕重緩急程度的不同，可將之分為必須、稍緩、機動三大層次，要視具體情況，具體區分加以對待，以達到更好支配手中資金之目的。

由此可見，小資族的投資理財是與生活休戚與共的事，「小資族」應根據自身情況，不僅要有理財意識，而且還應懂一些理財的方法與技巧。

其實，小資族只要根據自身的收支情況，細心核算，認真規劃，是不難找到最適合自己理財的「經濟公式」的。試著去做一下，就會發現——透過理財也可以把生活安排得一樣精彩！

對於理財而言，富人有富人的玩法，小資族有小資族的追求⋯⋯重要的是，誰都有追求的權利。請相信，最普通的人生，也可以與財富結緣。

本書完全從實用角度出發，認為要理財先要樹立好觀念，然後對儲蓄、保險、投資、消費等理財方式進行深入的剖析，方法簡明易懂，操作性強，著力於構建高明的理財思維，讓讀者無論在何種經濟形勢下，都能做出最明智的投資判斷！

第 1 章

改變理念，思路決定出路

有錢沒錢都需要理財

俗話說：「窮不扎根，富不過三代。」沒有永遠的窮人，也沒有永遠的富人。無論你現在是否有錢，那都是相對的。也許10 年前你算得上是一個比較有錢的人，但如果 10 年後你所擁有的財富仍然保持在原有的水準上，甚至在此基礎上有所消耗，那麼，你已經在不知不覺中跨入窮人行列了。

對於一般的小資族來說更是如此，也許你現在每個月的收入比較樂觀，但是，「人無遠慮，必有近憂」，你能保證現在的一切永遠不會改變嗎？你能保證自己的工作是鐵飯碗嗎？或者你在不久的將來買了車、買了房、結了婚、生了孩子，每個月必須要到銀行繳納貸款、必須為孩子儲備豐厚的教育基金的時候，還能像現在一樣寬裕嗎？所以說，只有早一步投資、理財，才能使自己的生活真正的無憂。

儘管如此，還是有很多人會誤入理財的盲點，認為「理財投資是有錢人的專利」、「有錢才有資格談理財」。如果真有這種想法，那就大錯特錯了。1,000 萬有 1,000 萬的投資方式，1,000 元同樣有 1,000 元的理財方法。在芸芸眾生中，真正的有錢人畢竟只是少數，而中產階級小資族、中下階級百姓仍占絕大多數。有錢人可以透過理財將自己的財富像滾雪球似的越滾越大，小資族同樣可以透過理財「滴水成河」、「聚沙成塔」，實現自己的夢想。下面讓我們一起看看趙某和王某這兩個小資族理財的例子。

趙某，二十四歲，大學畢業，工作剛一年，未婚，月收入 30,000 元；王某，二十三歲，專科畢業，同樣是工作一年，未婚，月收入 27,000 元。按常理說，趙某每月收入比王某多，他應該比王某更具備理財的條件。但是半年後，王某存下了 30,000 元，而趙某只存下了不到 10,000 元。

怎麼會是這種情況呢？原來趙某雖然薪資比王某高，但他在食衣住行上的開銷都要高出王某，平時花費也沒有計畫，在健身、旅行、購置自己喜愛的電子產品方面還有一大筆支出，粗略算下來，基本生活消費加上娛樂消費，使得趙某的月收入所剩無幾。而王某雖然薪資不高，但是一切消費支出都有計畫，每月的基本生活消費控制在 10,000 元以內，王某沒有抽菸喝酒等其他嗜好，只是喜歡看書，每月花 1,000 元左右買書。這樣算下來，王某半年能節餘 30,000 元，除去一些別的開銷，王某將 25,000 元轉成了一年期定期存款。

現實生活中，比王某收入低的人大有人在，薪水僅夠糊口的「新貧族」也不在少數，但是看完上面這個案例後，千萬別再拿「我沒財可理」當理財的擋箭牌了。哪怕每月僅從你的薪水裡拿出 10% 的資金，在銀行開立一個零存整付的帳戶，二十年後本金加上利息，絕對是一筆不小的收入。

理財不分先後，不分年齡，不管你是窮是富，只要你有收入就應嘗試理財。正所謂「你不理財，財不理你」，只要做到聰明理財，就能事半功倍，不斷給自己的財富大廈添磚加瓦，輕鬆享受人生。

★ **理財小叮嚀：理財不等於投資**

很多人認為，理財就是投資賺錢。這是一種狹隘的理財觀念，抱有這種想法並不能達到理財的最終目的。理財是在對收入、資產、負債等資料進行分析整理的基礎上，根據對風險的偏好和承受能力，結合預定目標，運用諸如儲蓄、保險、證券、外匯、收藏、住房投資等多種手段對資產和負債進行規劃和管理。理財的關鍵在於善用錢財，在追求投資收益的同時，更多注重的是人生規劃、退休老規劃、投資規劃、風險管理規劃、遺產規劃等一系列的人生整體規劃，因此說，理財包括投資，但不僅僅是投資。如何有效利用每一分錢，如何抓住每一個投資機會，便是理財的目的所在。

小資族理財新主張

2008 年，因美國次級房貸風暴引起的全球性金融風暴全面爆發，美國的房利美、房地美兩大房貸巨頭被政府接管，雷曼兄弟公司破產，美林、高盛、AIG、摩根史坦利等大投資銀行被收購、政府接管或轉為銀行控股公司，美國陷入百年一遇的金融危機中。儘管次級房貸風暴僅是美國經濟領域一個規模不算龐大的金融問題，但迄今為止，它蔓延而產生的影響已觸動全球經濟的敏感神經，世界各地股市、期市、匯市出現罕見的大幅波動。在這樣的大背景下，作為收入並不十分豐厚的小資族

又當如何理財呢？

明明白白每一項支出

相信很多年輕的小資族都會在月底錢包空空的時候問自己一句：「我的錢都到哪裡去了呢？記得我沒有花很多錢呀？」

出現這種情況也屬正常，現在這批剛走出校門沒幾年的年輕人，多數都是家中疼愛的子女，從小就被長輩寵愛有加，很少受過什麼理財教育，再加上讀高中、大學的時候多半是「實報實銷」，有什麼消費需求都會透過家長的資助得到滿足。等到走上工作職位，拿到第一份薪資，還會習慣於以前的消費方式，從而生成一筆筆的「糊塗帳」。

情況雖屬正常，但是長此以往，只會讓自己越活越窮。要想避免這種情況，不妨試著記記帳，分時分類記錄下自己每一筆消費，明明白白自己的每一項支出。分時，可以按天分、按週分；分類，可以按飲食消費、水電費、日用品消費、人情消費等類別分。這樣做了的話，便於每天、每週、每月檢查自己的消費，就不會再有「錢到哪裡去了」的疑問。例如：發現這個月的交通費增加了，就應該考慮是不是可以在非緊要時間內多搭公車或步行；發現這個月的應酬請客費用增加了，就應該檢討一下自己的待客之道是否脫離了實際……堅持下去，當你把記帳作為一種習慣，你會發現自己的非必要支出正在逐漸減少。

消費品不求最好，只求夠用

現在的小資族除了吃、穿、住、行這些基礎性消費外，消費產品消費也是一筆比較大的開支。在這方面店家引導的更新換代非常快，賺足了在廣告、消費文化中成長起來的新一代消費者手中的錢財。

小王去年 5 月分花 10,000 多元買了一部手機，不到一個月，由於廠商推出新的機型，小王手中的手機跌價 2,000 元。由於廠商在廣告中聲稱新機型比舊機型的某項性能指標高出很多，小王忍痛在網路交易平台上以原價二分之一的價格將手中手機處理掉，又花了三千元購買了新手機。兩個月之後，為了迎接過年商機，廠商再次升級換代了主力機型，廣告中，產品的性能又有了「大幅提升」。這讓趕流行的小王猶豫不已，一方面對新手機蠢蠢欲動，一方面手裡又沒有足夠的閒錢去購買。

其實，消費品只要夠用就好，儘管廠商在廣告中將產品的某項功能的提升片面誇大，將新產品的性能吹得神乎其技，但是，產品的主要功能和性能也許並沒有想像中那麼卓越，而且可只比舊型號好一點的無感升級。現在各種媒體上鋪天蓋地、言之鑿鑿的廣告引導消費者更新換代手中的產品，這樣只會造成浪費。

讓錢去生錢

上面所提到的都是讓你盡可能節省一些不必要的開支，但是，大筆的財富並不全是靠節省獲得的，而是應該讓錢去生

錢。例如：小資族的薪資通常是透過銀行直接劃撥的，因為工作忙，年輕人常常將自己的金融卡當作自己唯一的儲蓄卡，成年累月不去管它，讓薪資靜靜的躺在銀行裡。微乎其微的利息，加上物價等因素，你的財產實際上是在貶值。年輕的小資族應該在節省的基礎上，透過工作和投資來逐步增加每月的收入，並在業餘的時間內進行一些合理的投資。

事實上，小資族只要有一個合適的理財思路，根據自身的收支情況，細心核算，認真規劃，是不難找到最適合自己理財的「經濟公式」的。試著去做一下，你會發現，透過理財也可以讓你的生活更精彩！

★ 理財小叮嚀：重視通貨膨脹的因素

通貨膨脹是指一般價格水準的持續和顯著的上漲，它是現代紙幣流通條件下出現的一種經濟現象。通貨膨脹一旦發生，在社會的就業、收入分配等方面會產生極其複雜的影響，是每一個國家的政府乃至小老百姓都必須認真對待、審慎處理的問題。通貨膨脹帶來最直接的現象就是物價的普遍上漲。當物價上漲，能購買的東西就少了，手中的錢購買力是下降的，錢會因此變得越來越不值錢。也就是說，當遇到通貨膨脹，我們手中的錢實際上是在不斷貶值的。

處處留心皆財富

有句經濟術語說得好：「處處留心皆財富。」獲得財富的智慧往往比追求財富本身更加重要，重要的是思路。正所謂「思路決定出路」、「出路決定財路」，思路是影響經濟發展的根。經濟的發展不在形式，關鍵是要做個有心人。只要有敏銳的眼光和一顆細膩的心，哪怕你只是一個普通人，財富也會青睞你。

新加坡玻璃大王陳家和的發跡史也許可以帶給我們普通人一些啟示。

1960 年代初，新加坡頒布了一項擴大城市建設的龐大計畫。如果這項計畫得以順利實現，可以使新加坡變成像歐美大城市一樣，到處高樓林立，實現城市的現代化。當時還在玻璃商店做學徒工的陳家和聽到了這個消息，心想自己的機會來了。

陳家和首先想到的是，現在政府要加速發展建築業，那麼每幢大樓都需要安裝玻璃，如果搞玻璃安裝業，隨著高樓林立，生意一定會十分興盛。於是，他毅然決然的辭去了學徒的工作。

但是，當時的陳家和一無資金，二無店面，只能與一家專做房屋裝修生意的老闆合作，為其提供需要的玻璃。他辛苦的做了兩年，期間受盡了人們的嘲諷和冷言冷語，好在工程結束後賺到了一些錢。陳家和利用賺來的這點錢，勉強在市區租了半個店面，掛上了自己的招牌 —— 和興鏡莊玻璃工程公司。由於他勤奮工作，兩年後，擴大了經營範圍，公司另租了間比較大的店面，並改名為「和興玻璃工程有限公司」。到了 1983 年，陳家和的事業已具有相當的規模，他便成立了「和興投資控股

有限公司」。伴隨著「大新加坡建設計畫」的實施，陳家和承接了新加坡各種大樓的 80% 的玻璃安裝工程。

十年後，新加坡處處大樓林立，座座大樓都有裝著閃閃發光的各種玻璃，陳家和也在這個過程中逐漸建立了自己的玻璃王國。

創業之前的陳家和不過是個普通的學徒工，但財富卻青睞了他這樣一個原本生活平庸的人。他的成功事蹟告訴我們，只要我們擁有敏銳的眼光和細膩的心，即使是平庸的人，同樣具備一種「必然財富」的素養。小事、瑣事、平凡事，只要我們處處留心，認真去做，同樣可以以小勝為大勝。

在一個偏遠的小山村有兩個歲數差不多的年輕人，他們一起開墾。其中的一個年輕人每天把石頭砸成碎石子，運到路邊賣錢；而另一個年輕人並沒有這樣做，而是直接將石頭運到碼頭，由於這裡的石頭奇形怪狀，很受那些花店、鳥店商人的歡迎，石頭價格自然也很高。

兩年後，將石頭砸成碎石子的年輕人仍然一貧如洗，賣石頭的錢也僅夠解決溫飽；而那個將石頭賣給鳥店的年輕人，成為村裡面第一個蓋上華廈的人。

後來，為了保護植被，山村裡只許種樹，不允許開墾，這裡就成了一個果園。這裡種的梨子味甜、肉脆，銷量很好，村裡人把梨子成筐成筐的運到城市，然後出口到韓國、日本。

在這樣的好形勢下，那個曾經將石頭賣給花店、鳥店的年輕人卻將自己的果園果樹全部賣掉，改種柳樹了。大家都嘲笑他，靠柳樹能賺幾個錢？原來年輕人發現了賣水果以外的更大的商機。梨子是好賣，但是運送它需要用筐來裝，大家都在賣梨子，競爭會越來越激烈，但賣裝梨子的柳條筐的只有他一個人。

五年後，這個年輕人成了第一個在城市裡買房子的人。

其實，賺錢的智慧，只需要一點點。

★ 理財小叮嚀：收入高並不代表有錢人

當人們剛剛參加工作時，所有的收入只夠自己的日常開銷，這時，是名副其實的窮人。幾年後，薪資漲了不少，開始逐漸存點錢，付個頭期款，買個房子。再過幾年，薪資提高，生活追求水漲船高，房子要住的更大一些，車子要開的更高級一些，節假日的度假地點要更高級一些……你會逐漸發現，賺的越多，開銷越大，你還是一個辛苦賺錢的工具。因此，收入的增加並不代表你跨入了富人的行列，只有在生活中拓寬自己的思路，讓思路和財路緊緊連結起來，才能成為真正自由自在享受生活的人。

成功理財以「情」制勝

這裡所說的「情」並不是我們通常所說的感情，而是「情緒智商 EQ」。我們都知道，成功的個人理財可以增加收入，減少不必要的支出，儲備未來的養老所需，從而改善個人或家庭

的生活水準。怎樣才能成功理財呢？有調查顯示，在成功理財的各個因素中，技術性、智力性因素並不起決定性作用，而心態、性格特徵等「EQ」，往往會對投資人的資產分配和決策有著意想不到的影響。

美國某權威財經雜誌曾經做過一個調查，在當年公布的「全球億萬富豪榜」中，身價在十億美元以上的超級富豪裡面，有一半以上都是白手起家！這些白手起家的富豪們無一不擁有著一流的 EQ。像我們熟知的全球首富比爾蓋茲，雖然他是靠電腦作業系統 DOS 發跡，但他並不是該系統的發明者，真正的「DOS 之父」很早就在一場酒吧鬥毆中喪生。比爾蓋茲正是因為高超的 EQ，懂得發現偉大的創意，並將其發揚光大，從而為自己創造了財富。

也許你會說，比爾蓋茲的成功並不全依靠 EQ，還有很多主觀因素，EQ 的高低與我們普通的小資族又有何關係呢？小資族也許常常會有這樣的困惑，每個月的錢不知不覺就沒了；每次從商店滿載而歸，購物常常超出了原先的預算；從商品目錄或電視廣告上看到一樣東西，購物衝動就買了下來；下班回來不願自己做飯，於是就叫外賣、上餐廳……如果你經常出現以上類似的事情，就不難理解你為什麼存不住錢了。隨心所欲的花錢只能滿足一時的痛快，卻無法保證你以後生活無憂。要想成功理財，還是需要有一點點自我控制力的，尤其是在節制欲望、為將來而存錢之時。將消費支出牢牢控制住，或許會讓你少受一些因為缺錢花所帶來的憂慮。

這裡的自我控制能力，就屬於一個人 EQ 的範疇了。當你 EQ 足夠高的時候，就可以理性看待自己所擁有的錢財，並能氣定神閒的理財；但是如果你的 EQ 不夠高，就容易因為衝動而浪費掉不必要的花費。

要想提高自己的 EQ，首先要始終保持一顆平常心，有調查顯示，富豪們大多心態平和，他們多數生活作息有規律，婚姻生活穩定、美滿，他們明白投資沒有一定賺錢的道理，但是他們一定有辦法使自己安度投資的低潮。

對於小資族而言，以平常心對待生活中的小事就是高 EQ 的表現。比如應繳水電費、瓦斯費、貸款、稅款、信用卡、食品開支、外出就餐、有線電視收視費、電話費、手機費、治裝費、添置家庭生活用品等等，雖說這些開支一般數額較小，但積少成多就會是一個大數目。因此，小資族應在每月初制定出這個月的支出計畫，標出必要的支出費用，控制好機動支出費用，並將計畫外的餘款存入銀行。這樣做不僅可以對自己的財務有較為清楚的了解，還可以觀察出自己某一方面的開銷是否過多了。如果某方面開支過多，就要考慮如何減少不必要的開支，將這些減少的開支積少成多，同樣是一筆不小的財富。此外，最好將家裡的資產（存款、國債、股票等有價證券）及負債（如購屋房貸、欠父母及朋友的錢） 做成一張財產明細表，做到心中有數。

★ **理財小叮嚀：什麼是 EQ 呢？**

從心理學上講，EQ 包括五大內容：一是認識自身的情緒，因為只有認識自己，才能成為自己生活的主宰；二是妥善管理自己的情緒，即能調控自己；三是自我激勵，走出生命中的低潮；四是認知他人的情緒，這是與他人正常交往、順利溝通的基礎；五是人際關係的管理，即領導和管理能力。簡單來說，EQ 無非是反映一個人三大能力的高低，即內外感知能力、自我調控能力和人際交往能力。如果小資族能擁有這三大能力，對其理財將有很大的幫助。

理財應懂得審時度勢

有句話說得好：「錢不是萬能的，但是沒有錢卻是萬萬不能。」居家過日子，食衣住行都要與錢有關係。有人說，要懂得花錢才能賺錢。可是，過日子講究的是細水長流，誰也不願意需要花錢的時候口袋裡沒錢。可以說，「省錢」是一種務實的理財觀念，更是一門不可或缺的學問和藝術。

當然，省錢並不等於吝嗇，我們提倡你在生活中注重節儉，但並不是要你處處吝嗇。像有的人平時穿著打扮都十分講究，消費時出手闊綽給人以非常富有豪爽大方的感覺，但是真的叫他們作一份產業，進行一項投資時，他們卻拿不出錢來；而還有的人平時食衣住行都非常樸素，甚至給人小氣寒磣的感覺，但是當他們遇到可以投資的項目時候，他們會毫不猶豫拿出數目可觀的資金來。由此可見，錢要省在該省的地方，省錢也要審時度勢。

所謂審時，是指在消費的時候要看準時機主動出擊。如時髦華麗的大衣在冬天是貴了點，可到了夏天的時候，其價格自然要換季大拍賣，如果能選擇淡季或換季購物必要會實惠多多；在各種節日期間，經銷商抓住部分消費者要在節日給自己的朋友送禮物這一心理，各種物價一般都會上漲，倒不是說漲了 500 元會給消費者造成多大影響，關鍵是錢花的值不值，如果你趕在節慶前購買，或者晚幾天再買，都不會白花冤枉錢；另外，審時理財還得在「早」字上下功夫。現在很多商場為了促銷，到了節假日都會拋出「大禮包、早鳥優惠」，如「當日前十名搶購者半價優惠」之類的方式，遇到這種情況不妨早起去排隊試試運氣，畢竟「時間就是金錢」。

所謂度勢，是指要把握局勢「對症下藥」，也可以認為是「貨比三家」。被稱為美國「最節省家庭」的伊科諾米季斯一家將「窮追不捨買便宜貨」視為家庭購物的前提。這個收入平平的七口之家每次到超市購物，都會在購物架前仔細來回穿梭，尋找要購買物品的最便宜價格，直到找到了最低價才會買東西。即使在不購物的時候，他們也會像炒股者關注股票一樣，隨時留心各種物品價格的漲跌。在夫妻倆的影響下，五個年齡從十歲到二十一歲的孩子也學會了節省，經常陪著父母耐心搜索最低價格。當然，伊科諾米季斯一家「窮追不捨買便宜貨」的方式

並不是一味的追求價格低，而不在乎品質。同樣的東西在不同商場的價格參差不齊，理性的價格對比是我們做出購買決斷的有力依據。

當你學會審時度勢的去消費，你會省下很多不必要的消費。

★ 理財小叮嚀：審時消費不要因小失大

有些銀行會在特定節日做活動，例如在指定時間消費可得到雙倍或多倍金融卡積分。年輕的持卡一族們可以利用這個時機購買一些大件物品，以獲得積分。但是一定要避免一些不理智消費，比如為了攢積分買些沒有用的東西。要清醒的認識到，積分只是使用信用卡的一個附帶優惠，不能被它牽著鼻子走，否則將會因小失大、得不償失。

知曉理財中的馬太效應

如果一個所謂的不改變理財觀念、思路的話，繼續按照自己的那一套保守理財的話，那還是會應驗《馬太福音》中的那句經典之言：讓貧者越貧，富者越富吧！

在《聖經》的《新約．馬太福音》看到這樣一個故事，一位國王準備去遠行，臨行前交給三個僕人各一錠銀子，並讓他們在自己遠行期間各利用這一錠銀子去賺錢。過了一段時間，國王回來了，他把三個僕人召集到一起，發現第一個僕人已經賺了十錠銀子，第二個僕人賺了五錠銀子，只有第三個僕人因為怕虧本什麼也不沒做，手裡還是當初國王給他的那一錠銀子。

國王決定按照每個人賺錢的多少進行獎勵，他獎勵了第一個僕人十座城池，獎勵了第二個僕人五座城池，第三個僕人認為國王會獎給他一座城池，可國王不但沒有獎勵他，反而下令將他的一錠銀子沒收後獎賞給了第一個僕人。國王降旨說：「少的就讓他更少，多的就讓他更多。」這個理論後來被經濟學家運用，命名為「馬太效應」。

如果你仔細留意一下，發現在我們自己的家庭理財中也存在「馬太效應」。

小王和小劉這對好朋友大學畢業後一起進到了一家電腦公司做程式設計師，兩人都是大學學歷，薪酬相同，但兩個人在理財的觀念上卻完全不一樣。小王的理財觀念比較開放、靈活，前幾年股市熱門，他利用懂電腦的優勢，購買了股票分析軟體，沒事的時候就研究研究，並把平時省吃儉用存的 50 萬元全部投入了股市。一年多下來，他的股票市值就升到了 80 萬元。後來，他見股指漲幅太大，各種技術資料也顯示風險的降臨，便果斷平倉。這時，公司附近正好開發了一條商業街，由於當時股市熱門，所以購屋者寥寥無幾，最後房仲不得不將現房降價銷售，小王便用這 80 萬元頭期款買了一間小套房。三年時間下來，他的沿街房已經升值了 30%。後來，他見當房地產價格已經很高，立即將房產出手，把把錢全部買了某檔基金，也就是過了一年多點又獲得了 20% 的盈利。後來他買了一間大套房和一輛轎車，並娶了公司裡最漂亮的女孩，小日子過得

還算幸福。

而小劉在理財上則有些太過於穩重，也就是說有點太過於保守，剛參加工作那兩年他的積蓄和小王不相上下。但為了安全保險，他一直把錢存入銀行，滿足於每年獲得的利息。可他沒有考慮貨幣的貶值因素，如果按銀行定期一年期儲蓄的年利率1%計算，如果以年均CPI（居民消費價格總水準指數）為4%計算，一年期存款的實際利率為1%-4% ＝ -3%，也就是說小劉的積蓄在不斷「負成長」。所以直到現在，小劉在公司裡仍然屬於「窮人」，至於什麼買車買房，他連想都不敢想。

透過小劉的理財觀念和經歷，我們看到負利率是多麼可怕啊，它就如同國王一樣，它讓不善理財的人不得不嚥下通膨帶來的苦果，辛辛奮鬥存的錢財不增值反倒貶值了。而善於理財的人，則能享受到讓人羨慕的理財果實，從而使自己的錢財可以實現快速增值。這就是理財觀念不同產生的不同結果。

★ 理財小叮嚀：降息預期下如何應對利率下行

在存款時，不要只看利息變化時銀行掛出來的那個數字，那個只是名目利率，而真實的利率要與通貨膨脹搭配。對銀行儲蓄較為偏好的人，在當前的降息預期下可存部分定期來對抗利率下行風險，因為定期利率是按照存入當天利率計算，在存期內並不會受利率調整的影響。此外為了保值增值而又盡量保證低風險，還可以考慮買國債等一些收益相對穩定可靠的債券型理財品。當前，應該調整好心態，不要再有太高的收益預期，現在能有 4% 以上的年收益已屬不錯。在當前環境下最好以穩定為主，能保本就是賺了。

窮則思變的理財哲學

通常來說，富人和窮人在理財觀念和理財哲學上有很大的不同：富人都非常熱愛金錢，窮人認為金錢是萬惡之源；富人認為個人素養和潛能決定賺錢的多少，窮人認為運氣和機會是決定能否賺錢的根源；富人認為成功取決於心態，窮人往往不相信「美夢能夠成真」……當然，產生這些差異也是可以理解的，畢竟窮人和富人在理財的基礎上有很大的差距。錢少是窮人的軟肋，拿這根軟肋去和市場上的強敵硬碰，顯然是不明智的。因此，窮人要想成功理財，就要懂得窮則思變。

將生活費用變成第一資本

小王和小張都比較窮，需要每月領取三千元生活補貼。小王用這三千元買了五十雙拖鞋，拿到地攤上每雙賣一百元，一共得到了五千元；而小張將這元三千元全部用來買米油鹽。同樣是三千元，小王的三千元透過經營增值了，成為資本；而小張的三千元在價值上沒有任何改變，只不過是一筆生活費用。

渴望是人生最大的動力，只有當你對財富充滿渴望，並且能夠在投資的過程中獲得樂趣，才有可能將你的生活費用變成「第一資本」，並在這個過程中獲得資本意識與經營資本的經驗與技巧，取得最後的成功。窮人的可悲之處就在於他對生活沒

有渴望，很難把錢由生活費用變成資本，更別提以此累積經營資本的經驗與技巧了。所以，貧窮者就只能一直窮下去。

最初幾年是最大困難

凡事起步的時候都是最難的，貧窮者要變成富人，最大的困難也是最初幾年。對於白手起家的人來說，如果第一個百萬花費了十年時間，那麼第二個百萬只需五年，再將百萬變成千萬乃至億，也許只需要三年就足夠了。

這一觀點告訴我們，當你擁有了豐富的經驗以及足夠的創業資金，財富就會像已經跑起來的汽車，你只需輕輕踩下油門，車就會前進如飛。最初的幾年也許是最困難的時候，但是只要能堅持下來，財富的累積會變得越來越容易。

心存夢想很重要

人，無論貧窮與富，都是有美好願望的。正是由於這種美好的願望，在民間產生了許多窮人美夢成真的經典故事，像放牛的董永遇見了美麗的七仙女，打魚的老頭撿到了一顆夜明珠。雖然這些發財的故事都帶有一種神話色彩，但是，只要你心存夢想，美夢成真絕不只是過把嘴癮或耳癮的事，你同樣有機會成為董永或是夜明珠的擁有者。

有位偉人曾經說過，一個人價值的大小，不是看他向社會索取多少，而是看他為社會貢獻了多少。當今社會是一個「多勞多得」的社會，「多勞」並不是讓你累死，而是在你能力範圍之內生產出更多的價值。只要你自己心存夢想，在你能力允許的範圍之內，勞動的能力越強，創造出的價值越大，就越可能獲得更高的收入。

大腦是貧窮者最大的財富

很多窮人總將富人的成功歸結於智力等自身的因素，認為那些成功人士之所以能夠成功，是因為他們比常人更聰明。其實不然，人與人在智力和體力上的差異並沒有現象中的那麼大。一件事這個人能做，另外的人也能做，只是由於在一些細節上下的功夫的大小，而影響了事情的效果。

比如說，你第一次去辦營業執照，就和辦證的人員吵起來，可以肯定你辦的那個小店永遠只能是個小店，很難做大。又或者一個恃才傲物的職員得不到老闆的賞識，他只是簡單的把原因歸結為不會拍馬屁，那就太片面了。老闆固然不喜歡不尊重自己的人，但更重要的是他能看出你的價值和造化。抱持以上這種心態做事，別說投資，就連日常理財也很難做好。

投資儘管不是賭博，但同樣有很大的風險。貧窮者是個弱勢群體，從來沒把握過局勢，錢一旦投出去就由不得自己支配，更不要說能確保將來的收益大於現在的投入。很多時候貧窮者投資缺的不僅僅是錢，更是財商的動機、思想的智慧、以及行動的勇氣。

對於貧窮者來說，手裡僅有的一點點存款屬於投資的軟肋，身強力壯只算得上附加條件，只有大腦才是他們最寶貴的

資源。有句話說得好，思想有多遠，我們就能走多遠。在現在這個高速發展的年代，思想不僅是寶貴的精神財富，還可以是物質化的有形財富。一個好的思想可能催生一個產業，也可能讓一種經營活動產生前所未有的變化。

不要用運氣為貧窮開脫

相信有關資本的故事每個人都聽過不少。美國老太太買了幾張可口可樂的股票，放了幾十年，成了千萬富翁；另一個老太太買了幾張台積電股票，十多年後也成了超級富婆。

我們不可否認的是，這兩個平凡老太太的投資都是成功的，但是相信不少人很難臣服於這樣的成功，認為她們的成功不過是運氣好。你要有這種想法就大錯特錯了。貧窮者會把很多事情都歸咎於運氣，在他們看來，運氣是最好的藉口，可以為自己的貧窮開脫。其實，在當今這個商品經濟時代，不勞而獲的事情是不可能的。一個人要想獲得社會的回報，首先需要他為社會生產做出貢獻。人人都會有運氣，關鍵看你如何把握。

教育是最大投資

如果問你二十一世紀什麼最貴？相信你會脫口而出——「人才」。那麼，什麼樣的算是人才呢？現在的教育制度給了我們一個很好的尺規，那就是學歷。雖說不能武斷的說，高學歷是檢驗人才的唯一標準，但是，你必須得承認，高學歷是獲取高薪的敲門磚。

學歷要多高才算得上是高學歷呢？三十幾年前，只要能上大學就很了不起了，但是現在，大學學歷是最基本要求，即便是碩士、博士學歷也是要讓公司免試篩選，就業壓力對於每一個人來說都是嚴峻的。因此，要想改變命運，就要活到老學到老，把教育作為最大的投資。

對於一般的小資族而言，教育費不是個小數目，要想解決這項經費，唯一的辦法就是省吃儉用，學會理財。

把知識變資本

曾經有個大臣幫助國王辦成了一件大事，國王為了感謝他，就讓他提一個要求。大臣說：「我的要求很簡單，只要把我的棋盤裝滿米就可以了。但是要在棋盤的第一個格子裡裝一粒米，第二個格子裡裝兩粒，第三個格子裡裝四粒，第四個格子裡裝八粒，以此類推，直到把六十四個格子裝完。」

國王聽後，暗暗嘲笑大臣的要求太低了，馬上吩咐下人照辦。不久，棋盤就裝不下了，改用麻袋，麻袋也不行了，改用小車，小車也滿了，糧倉很快告罄。裝米的下人累昏無數，而那格子卻像個無底洞，怎麼也填不滿……

直到這時，國王才發現自己上了當，因為這樣下去，他馬上就會變成一粒米也沒有的窮人。

這個寓言告訴我們，一個東西哪怕數字再小，一旦以幾何級倍數成長，最後的結果也會很驚人。金錢同樣如此，有錢人拿錢生錢，窮人以知識作為資本，靠知識致富。但是世界上有

「知識」的人很多很多，真正能發大財的卻少之又少。只要把知識變為資本，賺取第一粒米，堅持發展下去，你也會擁有數不盡的財富。

★ 理財小叮嚀：正視金錢的價值

在我們身邊，有很多人一會抱怨薪資收入趕不上物價漲幅，一會又自怨自艾，恨不能生在豪門，更有甚者還會鄙視投資理財的行為，對那些精打細算、努力累積資本的行為嗤之以鼻，認為這是在做追逐銅臭的俗事。殊不知，這些人在抱怨的同時，自身已經陷入了矛盾的邏輯思維中。既然日常生活與金錢脫不開關係，不如徹底改變對金錢的看法，正視金錢的價值。

家庭理財八大新概念

曾經有理財專家做過這樣一個統計，隨機挑選了一百位剛剛畢業的同專業大學生，追蹤他們十年後的生活。統計結果出乎很多人的意料：只有二十人能夠經濟獨立，而剩下的八十人或多或少都會感到生活緊張。那麼，為什麼會有如此大的反差呢？研究發現，那二十個人之所以能夠達到經濟獨立，並不是因為他們有什麼超群的能力，只不過是因為他們在日常生活中執行了如下理財概念而已。

概念一：分清「投資」與「消費」

小王、小張是以上調查中的兩個對象，他們在工作十年後，兩人分別存了 200 萬元。小王在該城市的郊區買了一間小套房，價值 200 萬元萬；小張買了一輛高級房車，同樣是 200 萬。兩人都花光了手上所有的積蓄。五年後，隨著經濟的成長，小王的房屋市值 300 萬元；小張的高級房車已經淪為二手車，市值不到 100 萬元。

案例中小王、小張二人學歷相同，社會經驗相同，收入相同，但是由於不同的花費方式，兩人的財富累積差距很大。為什麼會這樣呢？

小王把積蓄花在買房，這屬於「投資」行為，錢只不過從自己的手上轉到了房子裡，以後還是屬於自己的。小張把積蓄花在買車上，這屬於「消費」行為，錢是花出去給了別人。隨著時間的流逝，小張的高級房車會越來越不值錢，而小王的房子則不同，它會隨著經濟的發展逐漸增值。

這也就是有些人明明收入很高，但財富卻很少的原因。

概念二：口袋裡的錢不如腦袋裡的錢

以上調查中比較有代表性的李某、趙某畢業後進了同一家企業，職位相同，薪水相同。李某生活勤儉節省，每個月把省下的錢存進銀行，沒有嘗試任何投資，在李某看來，錢只有在自己口袋才最保險。趙某與李某相比似乎有些「不務正業」，趙某每個月的薪資分文不存，全花在了買書和參加各種培訓上，甚至不惜舉債數萬元去讀在職 MBA。後來，隨著物價的上漲和銀行利率的下降，李某每個月可存的錢越來越少，銀行裡的

利息也越來越少，李某眼看著自己放進口袋的錢在逐漸縮水。而趙某在拿到 MBA 證書後，跳槽到一家外商擔任高級經理職務，薪水比原來多了好幾倍，現在趙某擁有的存款早已遠遠超過了李某。

正所謂「知識就是財富」，小資族應該趁年輕的時候多充實自己，把錢裝進腦袋裡比把錢存在銀行更保險。

概念三：貸款切記不能盲目

「花明天的錢圓今天的夢」可謂是時下最熱門的話題之一，貸款消費滿足了年輕人錢不夠花、又想提前享受的心態。但是，這借來的「銀兩」畢竟是要連本帶息還給銀行的，有不少家庭因為還款壓力的影響，生活品質明顯下降，甚至引發家庭矛盾。當年由美國次級房貸風暴引發的全球性金融海嘯就是一個活生生的例子。

前車之鑒後事之師，年輕人在貸款消費時切記要量力而行。對於小資族而言，盡量不要貸款或者在貸款之前做好心理準備，選擇自己能承受的小額貸款。

概念四：薪資高不代表富有

同樣是以上調查中的實例：小高畢業後選擇在嚮往已久的大城市工作，同鄉小陳則選擇留在了家鄉的鄉鎮工作。在小高看來，大城市經濟發達，在那一定能賺大錢。事實也確實如此，小高在該城市應聘進了一家外商，月薪 50,000 元；小陳則進了家鄉城市一家普通企業，月薪 30,000 元。這樣看來，小高理應比小陳富有。

可是調查結果顯示，十年後，小高是那八十個經常感到生活緊張的個體之一，而小陳成為經濟獨立的人。為什麼會出現這樣的結果呢？

原來，大城市經濟發達，同樣消費水準也高。小高每個月房租 20,000 元，吃飯 8,000 元，娛樂 5,000 元，生活用品和服裝 8,000 元，其他花費 4,000 元，這樣算下來每到月底就沒什麼錢了。而小陳因在家鄉工作，住房子不用花錢，吃飯在公司的員工餐廳，每個月購物消費在 8,000 元之間，這樣每個月至少能有 20,000 元左右的結餘。加上鄉鎮生活節奏沒有大城市快，小陳在工作之餘經常關注股市，十來年也賺了不少錢。透過比較，你還能說每月 50,000 元的小高比每月 30,000 元的小陳富有嗎？

概念五：剩下的才是財富

說起哈佛大學，大家都知道，經哈佛教導出來的人，畢業後有很多都很富有。其實他們的消費習慣和一般的普通百姓沒有什麼不同，只是有一點不大一樣，那就是他們會嚴格遵守哈佛教條：儲蓄 30% 薪資是基本，剩下才消費。儲蓄的錢是每月最重要的目標，只有超額完成，剩下的錢才能多。換句話說，富有的定義不是你每月賺多少，而是你每月剩下多少，剩下的才是財富。

美國著名富豪巴菲特，從 6 歲起已經開始儲蓄，每月 30 塊美金。在他 13 歲的時候，他用自己的 3,000 塊美金積蓄購買了一檔股票。巴菲特年年堅持儲蓄，年年堅持投資，日復一日，年復一年。如今他已經 85 歲高齡，他擁有的財富比我們熟知的比爾蓋茲還要多。

概念六：花病治病不如投資健康

有句老話「健康是福」，只要身體健健康康的，自然能省下一大筆錢，畢竟你收入的增加趕不上看病住院的花費。如果不懂得愛惜身體而一味的省錢，什麼也不捨得花，什麼也不捨得吃，無疑陷入了一種因小失大。

因此，可以將花費投資一部分於合理飲食、購買健身器材、外出旅遊上，年輕時在健康上多一些投資，年老後就可以節省下一大筆住院看病的花費，實際上這也是一種聰明理財。

概念七：教育好子女也等於賺錢

很多小資族年輕時忙著為孩子以後的教育花費存錢賺錢，而忽視了早教的重要性。等到孩子想上好一點的高中時，要繳一大筆補習費；學測成績不好時，想要上學又要一筆不菲的教育開銷。其實，年輕的父母們可以改變一下只為子女教育存錢的老舊觀念，在平時的教育中注重給孩子學習態度、學習某項特長等，從小就把孩子教育好了，以後自然會省去各種各樣不必要的開支。

概念八：勤儉持家不如能賺會花

老人們常說，吃不窮，穿不窮，算計不到要受窮。老一輩傳下的箴言當然有他的道理，但是在當今這個生活水準日益提高的社會，如果只是一味的節省、存錢，似乎已經落伍了。你會賺錢，還要學會花錢。

當然，這裡說的花錢並不是代表無目的性的消費，而是呼籲人們應該發揮個人特長經商或謀取兼職，廣開財源。財源多了，財富自然也就多了。財富多了而不懂得消費，那就是不折不扣的守財奴了。健康的生活方式應該是，聰明理財，從而盡情享受賺錢和消費帶來的人生樂趣。

★ 理財小叮嚀：現金管理是理財的基礎

無論是個人還是家庭，理財行為都需要現金流的參與，對現金的有效管理是理財最基礎的環節。現金管理主要指對各項收支的經營和管理，其中，「收」包括勞動所得、投資所得、生息收入等確定性收入，還包括額外勞動所得、應收帳款及幸運所得等不確定收入。「支」包括食衣住行用、孝敬長輩、養育兒女及社交支出等必備支出，還包括集會、捐助、興趣、衝動等隨機性支出。要想成功理財，就要對生活中各項「收」、「支」做到心裡有數。

理財心理障礙要除掉

有人說，要想看透一個人的人性，就看他對錢的態度。普通人最常見的人性弱點主要表現在貪婪、懶惰、一廂情願、恐懼四個方面，在理財的過程中同樣會遇到這四大心理障礙。

貪婪

人人都知道貪不是好事，但是絕大多數人卻做不到見好就收。以金融市場上的保證金或者期貨來說，由於是槓桿制度，我們可以用一分錢買到十分貨甚至二十分貨，因此這個貪欲就無形中放大了。絕大多數人都抱有一夜致富的心理，在這種巨大利潤的遣使下，他們往往會忽略相對應的巨大風險的一面，下手過重，鋌而走險。

貪婪的另一種表現就是「賺小錢賠大錢」，普通人在貪欲的驅使下，賺了錢時不願及時收手，希望賺更多的錢。而當賠了錢時又死不認帳，企圖扳回平手而導致越賠越多。有經驗的理財者都知道在輸的時候戒貪難，而在贏的時候戒貪更是難上加難。有人甚至認為在贏的時候不能戒除貪欲是獲得巨大成功的最大障礙。

懶惰

這裡所說的「懶惰」主要表現為理財者不勞而獲的心態。儘管人人都知道天下沒有白吃的午餐，但絕大多數人還是希望獲得白吃的午餐。

很多人把各種理財投資方式看成一種賭博，但是多數人絕不會在嘴上承認這一點。如果你沒有把其當成一種賭博，而是一種事業，那麼你在這項事業上投入了多少時間和精力呢？我們都知道，如果一個人想當數學家、物理學家、工程師、醫生、律師、老師、網紅等等，他們首先要做的事，一定是去學習以獲取最必要的基礎知識。投資理財同樣如此，如果想得到高額的回報，一定不能懶惰，應該努力學習相關知識，畢竟「知己知彼」，才能「百戰不殆」。

還有的人總希望能從證券商、交易商處或其他各種管道打聽所謂的內部消息，或者十分注意報紙的所謂新聞。了解新聞是可以的，但只能把它當作參考，切記不可看到、聽到什麼消息就人云亦云。因為，現在市場上很多資訊都是有目的性的，與其到處打聽別人的看法，不如自己多花些時間學習相關的知識。

沒有天上掉餡餅的好事，任何事情不付出艱苦的勞動，是不可能得到相對的回報的。

一廂情願

我們前面提到的「不勞而獲」心態中也存在「一廂情願」的因素。投資人往往從自己的利害得失出發，對投資結果有一種主觀上的期盼，因而特別願意得到對自己有利的小道消息。事實上，現在市場上的絕大多數所謂「小道消息」都是為了某個特別的利益集團的利益而散布出來的。一廂情願者通常只是著眼

於眼前的事物，而市場永遠是只關心未來的。

「一廂情願」的投資者只相信自己潛意識中願意相信的事，而看不到真實的事；只去聽自己潛意識中感到舒服的話，而聽不到真實的話。殊不知，一個成功的投資決策往往是決策時內心感到很不舒服的決策。

恐懼

每個人都會有感到恐懼的時候，理財高手也不例外，那些經驗豐富的理財高手和大多數普通人一樣，也會感到「害怕」。只是他們的「怕」和普通人的「怕」正好相反。他們對市場十分「敬畏」，但對自己卻十分自信。而普通人正好相反，普通人對市場毫無畏懼，但對自己卻沒有自信。也就是說，理財高手的貪和怕，只不過和普通人正好相反。理財高手是在普通人貪的時候怕，而在普通人怕的時候貪。

普通理財者的「恐懼」還表現在做投資決策時既猶豫不決，又容易一時衝動。這屬於同一弱點的不同表現。另外，普通理財者的「怕」是非常容易相互感染的，從而表現出一種強烈的群體性。當人們的情緒相互感染時，理智便不復存在。

以上四大心理障礙屬於人的天性，是與生俱來的，要想完全克服是不可能的。但是雖然不能徹底消除，我們卻可以盡量控制，利用自身的自制力將其成功控制在一個適度的範圍內，絕對不能讓這些心理障礙干擾到正常的、理智的理財思路。

★ **理財小叮嚀：克服理財心理障礙貴在堅持**

凡事都是說起來容易，做起來難。我們可以簡單的將理財心理障礙歸結為「貪」、「懶」、「願」、「怕」四大點，但是真正做起來卻是非常困難的。就像我們日常生活中所說的戒菸、減肥一樣，雖然方法都不難，但是又有幾個人能持之以恆堅持到底呢？因此，要想戰勝對手，就要先戰勝自己。

小資家庭夫妻要共同維繫經濟平衡點

古有詩云「貧賤夫妻百事哀」，小資家庭夫妻月收入不高，卻要應付生活中各種各樣的開支，如果再不善於理財，在需要消費的時候沒有積蓄，夫妻間難免會互相抱怨。因此，小資家庭夫妻需要從以下幾個方面入手，共同維繫經濟平衡點。

收入

男人與女人在對金錢的看法上有很大差異，儘管當今社會女人與男人同工同酬，但是心理學家研究認為，女人在自己賺錢的能力上遠不如男人自信。在男人看來，金錢如源源不絕之泉水，會滾滾而來；而女人卻把金錢看作是一口隨時有可能被耗盡的井。女人在花錢上比男人更講究實際，夫妻間也容易因此產生經濟衝突。

【平衡點】對於夫妻而言，家庭的經濟決定權應該是各持一半，而不應以誰賺得多來定奪。

開支

男人與女人在不同的年齡層會有不同的消費習慣。一般來說，女人隨著年齡的成長，她們會越加看重金錢，在花錢上也越來越講究實際。而男人恰恰相反，隨著年齡的成長，花錢會越來越帶有隨意性，比女人更愛涉足高金額交易。

【平衡點】

為了避免許多無謂的爭執，夫妻間應當做好家庭經濟預算，這樣既可滿足共同的需要，又可滿足各自的需要。像現在很多小資家庭夫妻在理財上有這樣一種傾向，即同時在銀行開幾個戶頭，自己的、配偶的、雙方共有的。這不失為一種可取的辦法。

存錢

根據一項調查顯示，小資家庭中女性擁有的存款僅為男性的一半，而且在四十五歲～六十四歲的女性中，僅有 46% 的人是在四十歲之前就開始為退休生活存錢的，而男性的這一比例明顯高於女性，達到 67%。按理說，女性更應多存點兒錢才對，畢竟在生理上她們的平均壽命比男性多七年，在兩性關係上她們通常處於被動。但是從以上調查的資料中我們不難看出，多數女性還是對男性存在著比較強的依賴心理。

【平衡點】夫妻雙方都需要為自己存點私房錢以防不測，但是如果這項活動是在對方不知情的情況下進行的，難免會傷害到夫妻間的感情。夫妻雙方都應承擔為對方的現在和將來負責的責任，你有權利存一筆供自己自由支配的錢，但這應該是公開的，而不是瞞著配偶的。

投資

通常來說男人比女人更愛冒險，在投資上同樣如此。女人由於天性謹慎，對待投資常常顧慮重重。在她們看來，與其選擇那些收益大、風險大的投資，不如選擇風險小、更為保險性的投資，哪怕這些項目沒有多少利潤可圖。而男性對待投資的態度則恰恰相反，他們的競爭意識較強，對投資的分析不夠全面，他們更喜歡將大筆錢用於投資，那些風險和利潤皆大的冒險性投資對其更有吸引力。

【平衡點】投資正是兩性差異可以互補的一個領域。建議夫妻雙方可以將錢一部分存入銀行，以求保險；另一部分用於投資，以對付通貨膨脹。

借貸

莎士比亞在《哈姆雷特》中寫道：「不要向別人借錢，向別人借錢將使你丟棄節儉的習慣。更不要借錢給別人，你不僅可能失去本金，也可能失去朋友」。在借貸上，男性與女性的觀點也有所不同，女性通常只借她們必須的錢，但男人則是能借到多少，就要借多少。

【平衡點】容易因為借貸而發生爭吵的夫妻，應該全面審視一下

自己和對方的花錢習慣，通常來說，如果每月雙方薪水的 20% 以上都用於還債了，那就說明家庭經濟有了問題，今後應當有所改變。

★ 理財小叮嚀：夫妻間精神生活更重要

古詩中的「貧賤夫妻百事哀」在當時的特定環境中有其特定的意義，但是它並不代表一種必然性。夫妻間還是應該更加重視精神層面的生活，而不是只將眼光放在物質生活上。

第 2 章

精明儲蓄，學會同銀行打交道

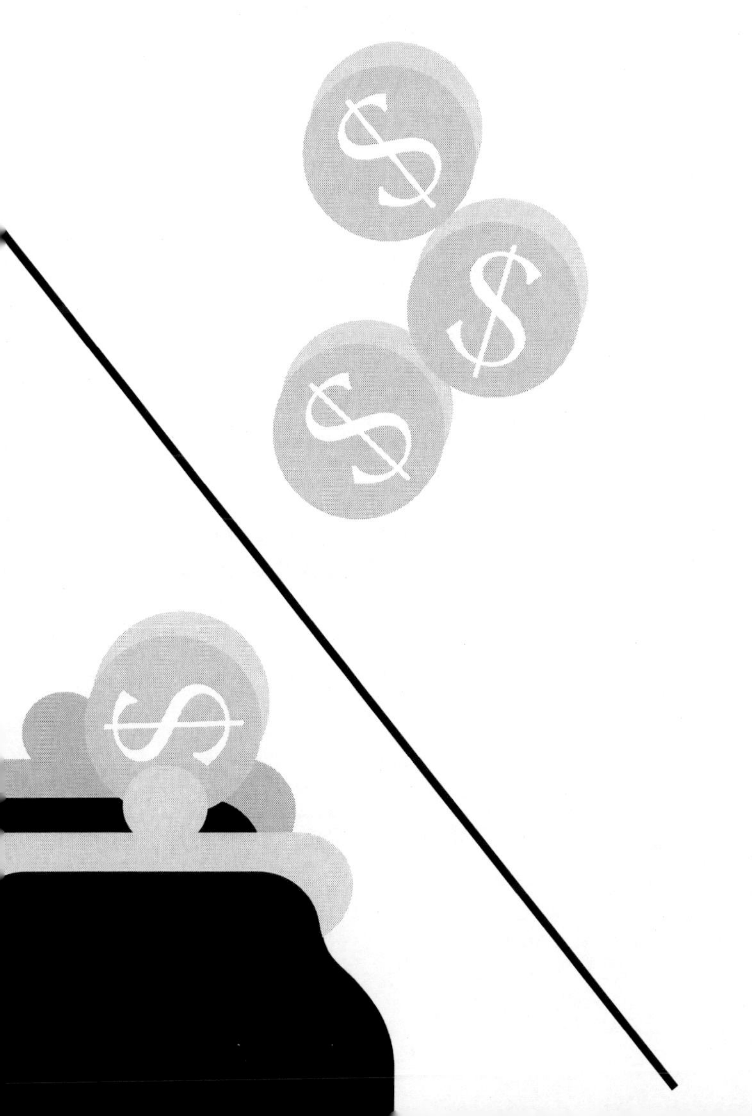

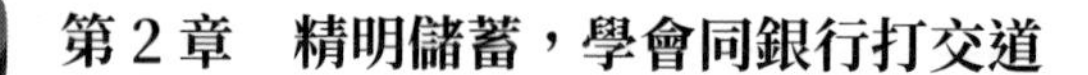

賺得多，不如存得多

有些小資族明明沒有足夠的經濟能力，卻要買大房子、開好車，弄得負債累累。其實，「面子」不等於「裡子」，不管你外面裝扮的如何富有，骨子裡還只是個窮人。你應該做的是讓自己「真的有錢」，而不是「看起來有錢」。決定財富多寡，不是看你賺多少錢，而是看你存多少錢。

雖然誰都同意這一觀點的正確性，但卻很難做到，因為「存得多」意味著緊衣縮食，降低現有的生活水準，多數人都缺乏這種自律心。針對這一現象，美國著名成功學家博恩崔西提出這樣一個克服人性弱點的技巧：你不必縮減現有開銷，畢竟「由奢入簡難」；而是「未來」每當收入增加時，就存下其中 50%。這樣一來，既不會影響到現有的生活水準，還可以照樣花用另外 50% 新增收入，買任何你想買的東西。

還有些極度自信者認為自己根本沒有必要這樣縮衣節食的生活，他們相信自己明天有能力繼續賺錢保持現有的經濟水準，與其今天省吃儉用賺明天的錢，不如今朝有酒今朝醉，明天再去賺明天的錢。殊不知，這樣的生活方式完全受惠於大環境，一旦景氣反轉直下，財務就可能拉警報。

就算排除大環境變化的可能性，你每月都有固定的資金進帳，你總會有年老失去勞動能力的一天，在那一天來臨之前，你計算過需要擁有多少錢才能安度晚年嗎？很多人說到儲蓄還是會馬上聯想到「痛苦」和「犧牲」，認為從此便少了「享

受」與快樂。如果你也有這種想法，你必須重新改寫你的心靈軟體，換個角度想問題，只要一想到儲蓄就覺得自己獲得了財務上的獨立，從而感到快樂；只要想到錢會流失，就覺得心裡難受。

你也無須在儲蓄上花費太多的精力，只要在每個月拿到薪水後，確保在動用任何開銷前先存下至少 10%。之後可以採用循序漸進的方法，第一個月只減少 1% 的開支，並把這 1% 存入你的「財務獨立」帳戶，不論任何情況下，都堅持「只進不出」的原則，並且將任何額外的收入，如員工分紅、退稅等，也都立刻存進這個帳戶。等到第二個月減少 2% 的開支，再下個月 3%……由於每個月減少的額度並不大，你幾乎察覺不出日常開銷受到影響，很容易適應，而且堅持一段時間後，你就可建立起每月至少儲蓄 10% 的習慣。

當你把儲蓄變成一種習慣，你會逐漸發現自己的原始資本越來越多，當有了原始累積以後，就可以透過投資去獲得穩定的現金收益，也只有獲得了穩定的現金收益，才可以安享晚年。

★ 理財小叮嚀：神奇的複利效應

記住一個公式：72÷ 利率＝存款倍增所需年數。假若現行利率是 8%，幾十年後你的存款就靠著複利，自動增加許多。若從二十一歲開始工作，每月只要存幾千元，在 10% 的利率下，六十五歲退休時就滾到不少錢！絕大部分的巨富，都是靠著這種神奇的複利效應慢慢起家的，任何巨大的財富，都是從無數小節省涓滴累積起來的。

理財穩為主，保持適量活期存款有必要

2008 年，由美國次級房貸風暴引發的全球性經濟危機把人們的錢包一起捲入了寒冬。如今，雖然天氣已回暖，可經濟危機的蔓延還在持續。收入少了，錢包癟了，但生活還得繼續。專家建議：在這個非常時期，小資族理財應以穩為主。

留有一定的活期存款

隨著經濟危機的蔓延，大小企業為了節省成本紛紛裁員，一時間鬧得人心惶惶。為了避免家庭主要經濟來源發生波動時帶來家庭的負面影響，理財專家建議廣大小資族，在這一特定時期，應該保證金融卡上有一定的活期存款，存款數額保持在三個月的家庭支出額為宜。例如家庭月支出額為 3 萬元，活期存款上則應保持在 10 萬元左右。

但是，隨著現在銀行利率的一再下調，活期存款利息更是微乎其微，不到 1%，如果把這筆錢存存活期實在是有些浪費資源。要想解決這一問題，可以嘗試利用一些儲蓄上的小竅門，像選擇存款期限、巧用七天通知存款等，合理利用均能增加利息收入。小資族可以採用「月月儲存法」，這種存款方法不僅能夠讓普通家庭聚集資金，還能最大限度的發揮儲蓄的靈活性。例如您每月拿出 5,000 元用於儲蓄，選擇一年期的存款單每月開一張存款單。這樣一年後，手裡便有了 12 張存款單。等到第

一張存款單到期，只要將本金和利息取出與第二期所需要存的5,000 元相加，再存成一年期定期存款單即可。這樣一來，每個月都有一張存款單到期，足夠應急。

堅持基金定期定額

就目前的形勢來看，專家預測在未來很長一段時間內經濟的都不樂觀，在這種形勢下，小資族可以考慮適當增加一些含有保障功能的理財產品。鑒於一系列的刺激經濟的總體政策，長期來看，對政策市場有利多的影響，因此，小資族人士可選擇基金定期定額業務。所謂基金定期定額，是指投資人在代銷機構（如銀行）約定在每月指定的日期（如每月 10 號）自動從其指定的帳戶中扣除固定的金額（例如：3,000 元）來申購某一支或幾支開放式基金。由於它比一般的基金申購起點低，風險小，更適合「閒」錢不多、「閒」時也不多的小資族。如果能養成定期投資的習慣，堅持 5 ～ 10 年以上的長期的基金定期定額，其平攤成本、積少成多的作用，不必為短期的震盪、波動而煩惱。

做好保險規劃

儘管由於經濟危機帶來經濟的蕭條，小資族所有開支能省就省，但是有一項開支不能省，那就是保險。選擇一份合適的保險，相當於給未來的幸福生活安排了一個守門員。保險產品具有其他理財產品不可替代的作用，如可提供高額醫療費用，提供患重大疾病或殘疾後的補償和生活費用，提供除勞保外的更高額的養老保障等等。除去工作公司按照勞基法所辦理的勞保外，你還可以考慮購買一份商業養老保險，給未來的生活增加一份保障。

★ 理財小叮嚀：收入不高同樣需要保險

也許你現在還處於工作的起步階段，每個月下來很少有結餘。即便是這樣，你同意需要保險，因為低收入人群的抗風險能力要遠遠低於中等以上收入人群，突如其來的風險足以葬送一個人的未來。因此，低收入人群更需要透過買保險的方式把風險轉嫁出去，千萬不要把沒錢買保險當作藉口。

高效打理定期存款，使利息收入最大化

近日，王先生在整理自己在銀行所存的定期存款單時，發現多張存款單早已過期，甚至最長的已經超期達兩年之久。而這些超期的存款單中，王先生多數都沒有與銀行約定「自動轉存」。由於這個疏忽，王先生算了一筆帳，按定期存款利率和活期存款利率的差數計算，自己白白損失掉了幾千元，讓他痛心不已。

相信現實生活中像王先生一樣粗心大意的人並不在少數，他們認為把自己辛苦賺來的錢放在銀行裡存定期是最為保險的，存上後便把存款單放在「安全」地方，不再過問，讓存款單「呼呼的睡了大覺」。殊不知，這一做法在不知不覺中，已經給

自己造成了利息「損失」。

那麼，如何打理定期存款，才能使現金存款既能實現利息收入最大化？

設定「自動轉存」很重要

「自動轉存」是指儲戶存款到期後，如果不前往銀行辦理轉存手續，銀行可自動將到期的存款本息按相同存期一併轉存。如果王先生在存款時選擇了「自動轉存」業務，就不會平白無故損失幾千元了。因此，當你到銀行存款時，如果要存定期，一定要找有定期存款能夠自動轉存的銀行。當然，在這些銀行選擇定期存款後，也應看清存款單上有關的內容。比如：存款單上是否註明有與存款人金額、存期、利率等同時列印的「自動轉存」的字樣，如果有說明銀行已經為你辦理了定期存款自動轉存業務，這樣，你如果原存期為三年，即使定期存款已經到期，也不用再擔心定期存款因超期而按「低息」活期利率去計算了。定期存款單一旦到期，仍將會按三年定期存款給你「自動轉期」，按定期存款計算利息。

計算最佳轉存天數

遇到銀行加息的情況，很多儲戶都到銀行將之前的定期存款取出，按提高後的新存款利率重新存入銀行後再轉存。其實，是否將存款提前領取後再儲存，要根據原有存款的金額大小、存期以及距離到期日的時間來決定，切不可盲目提前領取後再存，以造成利息損失。具體計算方法為：轉存利息平衡分界點＝一年的天數 × 現存款單的年期數 ×（新定期年息 - 現存款單的定期年息）/（新定期年息 - 活期年息）。按照這個公式，就可確定不虧不賺的存款盈虧臨界天數。若已存天數大於這個天數，就不要轉存；若已存天數小於這個天數，就可轉存賺取更多的利息。

對分儲蓄法

如果你認為上面的計算公式太過複雜，那麼還有一個比較簡便又有效的解決方法就是「對分儲蓄法」。具體的做法是，將較大筆的存款對分為多筆數額較小的存款，然後根據自己對再次升息的預期而選擇存款期限。例如：儲戶若斷定在半年之內必會再次升息，可以將大額存款化為數額對等的多筆存款（比如：是六筆），將這六筆存款都定為同樣期限。遇到銀行再次升息時，你就將其中的一半存款提前領取再存為定期存款，以讓這部分存款及時享受較高利率；原先存入的一半存款繼續讓其存至到期日。這種儲蓄方法既確保了存款的靈活性，又能取得較為中等的收益水準。

綜上所述，雖然說銀行存款是最為「穩健」的投資方式，但是不同的儲蓄方式也有不同的利息收益，小資族一定要算好這筆經濟帳，最大化追求自己的合法利益。為了便於理財，還可以將定期存款單的相關內容記錄在案，包括存款單帳號、存入日、到期日、存期、存款利率、金額、是否約轉存期、存入銀

行等內容。這樣一來，可以讓自己的存款單理財更安心、更經濟、更實惠。

★ 理財小叮嚀：提前領取算好經濟帳

當人們存了定期存款後，如果有急事需要用錢，一定要算好經濟帳。如果定期存款單快要到期，最好用該存款單進行質押，到銀行申請小額質押貸款，以解決自己的燃眉之急。當該定期存款到期後，再歸還貸款，自己也會減少一定的利息損失。如果存款單剛存了沒有幾天，就應該把該定期存款單取出來，畢竟貸款的利率要高出存款利率很多；如果硬要拿剛存不久的存款單到銀行質押貸款，那自己就得不償失了，需要多支付不少貸款利息。

聰明外幣理財，防止財富縮水

張女士的朋友在美國工作，經常帶回些美元，雖然幣值在不斷升值，但是由於對外匯投資缺乏必要的了解，張女士固執的認為「手中握美元，心中不慌」。但近來看到新聞連篇累牘的刊登幣值升值的消息，張女士坐不住了，她按照最近的匯率一算才發現，這幾年辛苦存下的 10,000 美元，已經縮水至 9,000 美元了。

隨著幣值的升值，如何才能讓自己手裡的外幣不縮水，成為近來張女士和許多手中握有外匯的人們最為關心的話題。對於小資族來說，比較適合的外匯理財方式主要有以下四種：

定期外幣儲蓄

目前，這種方式在廣大投資者中使用最為普遍。它風險低，收益穩定，具有一定的流動性和收益性。而且，不同的外幣儲蓄利率不一樣，匯率又時刻在變化，投資者可以在不同的外幣之間自由兌換，所以有選擇哪種外幣進行儲蓄的優勢。

外匯理財產品

雖然說與國際市場利率相比，美元存款利率仍然較低，但是外匯理財產品的收益率能夠隨著國際市場利率的變化而穩定改變。而且，目前很多外匯理財產品的期限都比較短，收益率相對較高，投資者在穩定獲利的同時還能保證資金一定的流動性。

期權型存款（含與匯率搭配的外幣存款）

期權型存款是一種期限短、收益高且風險有限的理想外匯投資方式，年收益率通常能達到 10% 左右。只要能對匯率變化趨勢的判斷基本準確，操作時機恰當，往往能獲得比較高的收益。

外匯匯率投資

現在很多的銀行都推出了外匯匯率投資業務，匯率上下波動均可獲利，建議手中持有外匯的人士可以考慮參與。不過一些在境外擁有外匯帳戶的人在外匯匯率投資時，最好請教外匯專家幫助。

透過對以上四種投資方式對比可以看出，定期外幣儲蓄的安全性最高，但是收益較低；而外匯匯率投資則相反。小資族可以根據自身的經濟狀況、理財目標，以及各種產品的風險和收益來選擇合適的投資方式，制定適合自己的外匯理財方案組合。如果目標是使自己手中的外匯首先保值，其次是增值的話，選擇外幣儲蓄和外匯理財產品為宜；如果投資外匯的目標就是增值，並且具備承擔一定風險的能力的話，則期權型存款和外匯匯率投資是不錯的選擇。

此外，我們還要提醒廣大外幣持有者，當你進行外幣理財的時候，需要注意以下四大盲點：

盲點一：高息外匯收益大

因為不同的外匯存款利率也不同，於是，有的投資者為了能收取較高的存款利息，不管各種外匯的走勢如何，現在所處的匯率水準是高還是低，就盲目將手裡的低息貨幣兌換成高息貨幣做存款。

盲點分析：這種做法是比較片面的，打個比方來說，如果某客戶完成兌換後，半年內，匯率下跌 3%，而他僅僅得到了 2% 的稅後存款利息，那麼其實他還是有 1% 的損失。其實，投資者不管出於什麼目的去做外匯投資，都應該事先做一些準備，除了要了解各種貨幣的走勢及趨勢，分析何時是相對安全的投資點位，還要密切關心相關國家的經濟、政治情況。只有這樣，才算得上是合理投資，也才能對自己的投資真正負責。

盲點二：外匯買賣沒有風險

有些投資者誤以為外匯買賣沒有什麼風險，只是需要一定的時間而已，等到外匯匯率漲上去就拋出，賺取差價；等到匯率跌了，就把錢存定期，賺取利息，只要還有利息，就一定能夠彌補上損失，大不了多花一點時間而已。

盲點分析：只要是投資，就一定會有風險，因此，在投資前一定要設立一個停損點，這樣才能規避一定的投資風險。例如歐元問世之初，很多人都看好它的前景，紛紛買入歐元，然而此後歐元卻步入了漫漫下跌的道路，而且一跌就是兩年多。如果這樣的損失透過單純的利息來彌補的話，至少需要七八年。但是如果在投資前設立了停損點的話，就不會有如此大的損失了。

盲點三：跟著別人買外匯

這一點其實是人的本性所致，當你對自己的判斷不夠自信，而又「眼紅」別人的收益時，便會產生盲目崇拜，盲目跟風的現象。這些投資者多半沒有自己的投資主見，看著別人買什麼，自己就跟著買什麼。

盲點分析：每個人的情況都有所不同，不一定適合別人的，也一定適合自己。再輝煌的業績也只能表示他過去操作的好，並不代表他能預測未來。因此，在投資時要有自己的主見，要用自己的分析與見解來判斷匯率的走勢，從而指導自己的投資方向。別人的意見只能用做參考，千萬不要盲目跟風，以免造

成不必要的損失。

盲點四：頻繁操作收益快

有些投資者在投資時，總覺得手中持有的貨幣漲得不夠快，收益慢，於是，頻繁的買進賣出，想以此獲得高額收益，但這樣做的效果往往事與願違。

盲點分析：希望透過頻繁操作以獲取收益的投資方法更適合那些有足夠精力、足夠時間，能夠隨時關注行情走勢的投資者。如果你沒有過多的精力時刻關注匯市的波動，建議你還是盡量克服自己的浮躁情緒，等待機會。以平和的心態把握最佳的入市機會，爭取收益的最大化。

★ 理財小叮嚀：可以掛牌買賣的外幣種類

有多種外幣可以在外匯市場上掛牌買賣，例如：美元（USD）、德國馬克（DEM ）、歐元（EUR）、日元（JPY）、英鎊（GBP）、瑞士法郎（CHF）、法國法郎（FRF）、義大利里拉（ITL）、荷蘭盾（NLG）、比利時法郎（BEC）、丹麥克朗（DKK）、瑞典克朗（SE K）、奧地利先令（ATS）、港幣（HKD）、加拿大元（CAD）、澳元（AUD）、紐西蘭元（NZD）、新加坡元（SIN）、澳門元（MOP）、馬來西亞令吉（MYR）等。

巧用信用卡之妙法

Kate是白領一族，不但年輕漂亮聰慧可人，而且接受新事物、新思維特快。去年，在銀行工作的朋友向她推薦了信用卡，很快 Kate 漸漸留意起免息分期的作用了，原本僅為提前消費用的信用卡，在 Kate 手裡，正在逐步向時尚理財工具轉變。前幾天，Kate 給自己添了一條漂亮的項鍊，甜滋滋的向同事炫耀說，這是她透過信用卡理財賺來的。

信用卡怎麼還能賺錢呢？說起緣由，原來 Kate 手中有好幾張信用卡，每張卡的額度都有 8 萬元，Kate 的信用卡還有個特點，就是每個月的結帳日期，一定互相錯開，這樣她每月幾萬元的花費，基本上都能享受信用卡最長的 3 期免息分期。

除了用信用卡消費，Kate 還將其用於投資，她將相同金額投資於一種貨幣市場基金，貨幣市場基金有著周轉快、收益相對穩定的優點，等到信用卡繳款日前幾天，Kate 就將貨幣基金贖回還信用卡欠款。每月堅持按這種方法操作，到了年底僅這一項就進帳近 1,200 元。

平時，如果家裡需要購買液晶電視、滾筒式洗衣機、熱水器等大家電時，即使手裡有現金，Kate 也是透過信用卡付款，這樣，將手裡現金在免息分期投資貨幣市場基金，積少成多，也能獲得不小的收益。

銀行還經常舉辦信用卡「積分送大禮」的促銷活動，由於 Kate 經常使用信用卡消費，信用卡上的積分已有 10 多萬分，不久前她就用信用卡積分換取了一堆禮品。

信用卡在 Kate 手裡可謂是消費、投資兩用。

當今社會，持卡消費對於很多人來說，已經成為了一種生活方式。商場購物、餐廳吃飯、娛樂場所活動，輕鬆刷卡，好不自在。但是，相信大多數人還只是將信用卡當作一種支付，像 Kate 這樣可以真正善用信用卡還有很長一段距離。

當然，我們並不是鼓勵大家透過信用卡賺錢，賺點小錢僅是使用信用卡附帶的一點點小雀幸罷了，其實，信用卡還有許多「功夫」未被人們認識和掌握。信用卡不但是方便的支付工具，還是持卡人理財的好幫手。如能正確使用，它將成為您進入理財之門的一把金鑰匙。以下為你列舉了五項信用卡容易被忽略的優點。

資金周轉靈活

在辦理信用卡的時候，發卡銀行會根據持卡人的申請，按照個人的資信情況，給持卡人一定的信用額度。如果持卡人急需資金，無須向銀行提供任何擔保，便可先用卡片的信用額度進行消費。至於繳款日期及金額，可根據自己的財務狀況，在每月到期繳款日前，自行決定還款金額的多少。如果在免息分期內還清全款，銀行不收取任何利息；如果在最後繳款日前未全額繳款，則需要從消費入帳日起計算利息。

持卡人可以利用這種方式選擇延期還款，以將現金投資於有更高報酬的項目。不過應審慎評估並比較投資報酬率與循環信用利息。

用好聯名卡的增值服務

聯名卡是商業銀行與盈利性機構（例如航空公司或百貨公司）合作發行的信用卡附屬產品，持聯名卡除可享受信用卡的便利外，還可得到盈利機構提供的一定比例折扣或回贈以及其他增值服務。

買基金可以先投資後付款

與股票、外匯等投資工具相比，基金是一般人最容易上手的理財工具，持卡人以信用卡定期定額購買基金，可以享受先投資後付款及紅利積點的優惠。如果選在基金扣款日刷卡買基金，等到信用卡結帳日再繳款，期間不但可以賺取利息，若遇基金淨值上漲，等於還沒有付出成本就賺到了報酬。使用這種理財方式可以選擇基金的聯名信用卡，該信用卡持有人以所擁有的現金增利基金的額度作為重要的資信證明，由銀行給予一定的透支額。並在使用該卡消費透支後（即免息分期期間滿後），自動用該用戶所擁有的貨幣基金的對應份額贖回還款。

生活瑣事總管家

現在的信用卡追求多元化的功能，像手機費、電話費、汽車牌照稅及部分交通違規罰單，都可用信用卡輕鬆付款。另外，信用卡還可以用來撥打國際電話，持卡人只要使用密碼，信用卡搖身一變又成了電話卡。

額度臨時調解燃眉之急

如果遇到突發事件需要大筆資金周轉，信用卡具備臨時調整額度的優點。當持卡人比平時有更高的消費需求時，可隨時致電銀行，進行增加臨時額度的申請，銀行會根據個人的用卡紀錄，綜合評定後提供臨時額度。當然，調整臨時額度的前提是必須有信用，有正常還款紀錄。

信用卡擁有以上優點不假，但是，正所謂「水能載舟，亦能覆舟」，你有透過信用卡優化理財的機會，同時也存在著虧損的風險。持卡人必須擦亮「慧眼」，時刻保持理性，慎重規避各種風險。

防止促銷「陷阱」

銀行和商場經常聯手進行優惠活動，如積分換大禮、刷卡享受折扣等。對於不理性的消費者來說，很容易為了換取積分而購買很多不需要的東西。因此，在用信用卡消費的時候一定要有所控制，確實需要的東西才買。買了太多不需要的東西往往會造成過度消費，到期不能還款，背負高昂的利息。

定期整理帳單

銀行每月都會寄送信用卡紙本對帳單或電子對帳單，上面會逐筆列出消費的日期、地點及金額。消費者不妨將這些帳單定期加以整理分析，逐漸養成理性消費的習慣。

按時還款

雖然我們可以利用銀行的免息分期進行其他理財產品的投資，但是一定要記清繳款日。只有在繳款日之前把所有的消費欠款還清才可以享受免息，否則就會從每筆消費的消費日開始、按照當月消費金額的全額計算利息，利率是每天萬分之五，折合年息高達 18%。

謹慎選擇「最低應繳金額」

如果實在沒有能力在繳款日之前還清所有欠款，可以選擇「最低應繳金額」。但是要注意的是，一旦選擇按照最低應繳金額還款，就動用了信用卡的「循環利息」，銀行將針對所有欠款從結帳日起徵收利息。

不鼓勵存取款

有些人為了防止超出還款期而帶來的高額利息的產生，提前將一部分錢存入信用卡帳戶。這種做法我們是不鼓勵的，在信用卡中存錢不僅沒有利息，而且取現還要收取手續費，透支也要徵收萬分之五的日息。

★ 理財小叮嚀：網路用卡注意安全

小資族平時工作都比較忙，為了節省時間常常使用信用卡在網路購物。選擇網路購物時，除了要盡量使用安全交易系統外，在選擇購物網站時，也要選擇有知名度的商店。至於那些從來沒聽說過的購物網站，即便有再誘人的商品，也還是避

免接觸為宜。同時要保留及列印交易紀錄，一方面可隨時查閱便於理財，另一方面，萬一發生購物糾紛，可憑此向銀行提出作為證明。

幫你輕鬆轉帳少花錢

在現實生活中，為了節省手續費或者其他原因帶著現金到處跑的人不在少數，我們將其統稱為「現金搬運工」。前不久，小文決定拿出 10 萬元存款把父母住的房子裝修一下，從銀行櫃臺取出錢到走出門，小文有種「路人皆盜賊」的感覺，一路上緊緊抱著錢，直到父母家心裡的石頭才算落地。還有「貸款一族」小王，由於薪資是 A 銀行的卡，房貸是 B 銀行的卡、車貸是 C 銀行的卡……小王每個月都得先去 A 銀行取出現金，然後到 B 銀行繳房貸，到 C 銀行還車貸。由於各個銀行的點離得也不近，銀行工作時間又有限制，每次繳費都要耗費近大半天的時間。

由此可見，「現金搬運」既不方便，也不安全。要想存款搬家，可以選擇個人支票、人行大額支付系統、跨行通匯系統、ATM 和網銀跨行轉帳等多種方式。這些方式各有利弊，普通的小資族可以根據自己的實際情況多做權衡，選擇最適合自己的轉帳方法。

方法一：跨行通匯

優點：可辦理的銀行據點多

缺點：手續費高，經濟成本太大

有些家銀行開通了跨行通匯的業務，客戶只需拿著一家銀行的存摺或者金融卡，就可在任何一家銀行的任何一個點辦理存取款業務。與大部分 ATM 機只能取款不能存款（僅少數可以存款）、網路銀行網路銀行只能轉帳無法取現相比，跨行通匯的優勢還是很明顯的。此外，跨行通匯業務還緩解了銀行據點排隊難的問題，大型國有銀行的客戶可以透過跨行通匯在中小銀行辦理存取款業務，緩解排隊之苦。

方法二：網路銀行轉帳

優點：經濟便捷

缺點：可能存在安全隱憂

現在，網銀和電話銀行所能辦理的業務越來越多，ATM 機也是隨處可見。透過 ATM 機、網路銀行和電話銀行等電子管道進行轉帳無疑是另一種免除「現金搬運工」苦役的好方式。

在所有轉帳方式中，網路銀行的便利性和經濟性可以算得上是最佳的。客戶只需開通網路銀行，進行轉帳業務時無需依賴任何銀行機器或工作人員，只要按照操作程序一步步點擊滑鼠即可完成。

使用 ATM 機、網路銀行和電話銀行進行轉帳，還存在著安全問題。現在網路高科技犯罪日益猖獗，如果廣大客戶缺乏專業的網路安全知識，不慎將卡號或者密碼透露給犯罪分子，帳戶內的資金會迅速損失殆盡。因此，使用時一定要注意

安全保密。

方法三：大額支付系統

優點：快速到帳

缺點：速度與省錢不可兼得

大額即時支付系統是銀行為信用社、商業銀行與人行之間的支付業務提供最終資金清算的系統，為各銀行跨行匯兌提供快速、高效、安全的支付清算服務。

大額即時支付系統業務比其他結算手段更快速、更準確、更安全，該系統提供了快速通道和普通通道兩種轉帳方式，轉帳資金可快速到帳。

方法四：個人支票

優點：隨手支付方便快捷

缺點：門檻較高

個人支票是由個人簽發，委託辦理支票存款業務的銀行或者其他金融機構在見票時無條件支付確定的金額給收款人或持票人的票據。使用個人支票不用攜帶大量現金，憑著支票就可以支付，不僅輕鬆而且相對安全，另外不收任何手續費，也比較經濟。這種方式唯一的經濟成本就是購買支票本的開支。

目前信用體系尚有待完善，當消費者開出個人支票給店家後，店家要拿著支票到銀行，才能知道這是不是空頭支票。由於這期間存在一個時差，很多店家不願承擔這個風險，拒收支票。

★ 理財小叮嚀：密碼設定不可過於簡單

如果將銀行存摺密碼設定為特徵明顯的數字或字母，一旦金融卡遺失，不法分子多試幾次就很容易破解密碼，從而造成錢財的損失。為此，銀行為了保護儲戶的資金安全，對於初始密碼的存摺或金融卡，不提供辦理取款和轉帳業務。銀行要求個人必須到櫃臺修改初始密碼，然後才能辦理取款和轉帳業務，否則只能辦理存款和簽約代理業務。

銀行理財也有「悖論」

當今社會，隨著理財觀念的普及，普通人與銀行打交道的次數越來越多。如果你喜歡學習一些新鮮事物，可以從網路上、書籍中汲取很多理財方面的知識；如果你工作繁忙或者是為了省事，銀行中有專業的「理財顧問」為你服務。於是，很多人因此認為自己對「銀行裡的那些事」很了解了。殊不知，就有一些看似很「肯定」的事，在銀行那裡卻成了「意想不到」的事。

悖論一：提前還貸必能節省利息支出

2007 年 12 月，王小姐用房產抵押向銀行借了一筆 50 萬元的一年期個人消費貸款，當時銀行一年期貸款基準利率為 7.47%，貸款於 2008 年 12 月 24 日到期。為了節省利息支出，王小姐於 2008 年 12 月 23 日提前歸還了 50 萬元的貸款。

等到回家後，王小姐仔細一算，發現銀行似乎多收了利息。就算到期還款，利息也才 37,350 元，可現在提前了一天還款，卻收取了 37,765 元利息。少占用銀行了一天資金，還要多付 400 多元，帶著這樣的疑問，王小姐打電話到銀行詢問。

原來，銀行有明文規定：一年期的貸款，實行「一次還清貸款本息」的還貸做法：貸款到期還款，利息按「貸款本金 × 年利率」計算；如果提前還清貸款，按「貸款本金 × 貸款日利率 × 貸款實際天數」計算利息。由於銀行的年利率是按 360 天計算的，因此，貸款日利率的計算公式為：年利率 ÷360 天。

也就是說，如果王小姐於 2008 年 12 月 24 日貸款到期時按時歸還貸款，則銀行就按到期還款計算利息，應付利息 = 貸款本金 500,000 元 × 年利率 7.47%×1 年＝ 37,350 元

而現在王小姐於 12 月 23 日還清了貸款，銀行則按實際貸款天數 364 天計算利息，應付利息 = 貸款本金 500,000 元 × 貸款日利率（年利率 7.47%÷360）× 實際貸款天數 364×1 年＝ 37,765 元

如此一計算，王小姐吃了啞巴虧，有苦難言。

歸還貸款，看似很簡單的事，其實隱藏著很大的學問，小資族小覷不得，也想當然不得，弄清還貸的「真諦」，可以讓你節省一大筆開支。對於一年期的貸款而言，想要透過提前還貸節省利息支出，就要看是提前幾天。由於銀行的年利率是按 360 天計算的，那麼，借款的實際天數 360 天，就是提前還貸與到

期還貸利息支出相同的平衡點。也就是說，你若提前還貸，使貸款的實際天數少了 360 天，你就能節省利息支出；反之，若提前還貸，使貸款的實際天數大於 360 天，你就會很「冤枉」的多支付利息了。

悖論二：「定期」存款收益一定高於「活期」

乍看之下到這一點，相信很多朋友都會感覺奇怪，定期存款收益高於活期，這還用說嗎？以今年的存款利息來說，活期為 0.36%，定期存款中利息率最低的也有 1.71%，怎麼會說這是銀行理財的「悖論」呢？

假設拿 10 萬元存款投資易方達貨幣市場基金 B 類，以 2.52% 的七日年化收益率計算，其投資收益為 2,520 元；而 10 萬元投資儲蓄存款，一年期的投資收益為 2,250 元、半年期的投資收益才 1,980 元、三個月的定期存款投資收益更是少至 1,710 元。後三者分別比前者的投資收益少了 270 元、540 元、810 元。

此外，貨幣市場基金由於流動性好、變現快，具有「收益賽定期、便捷似活期」的特點。這種理財方法沒有到期日的限制，投資者可以根據自身對資金的需求隨時贖回變現，贖回的款項第二天（透過基金公司網站直接買賣）或是第三天（透過銀行櫃臺或是網路銀行買賣）到帳。而且，隨時贖回不會影響到收益率的大小。相比之下，如果將定期存款提前領取，利息必然會受到很大影響。

舉例來說，拿 10 萬元的定期存款存了半年後提前支取（按活期利率計算），稅後收益僅為 180 元。如果將這 10 萬元投資一年期的貨幣市場基金，半年之後贖回變現，則收益（收益率假定為 2.4%）約為 1,200 元。收益可謂是天壤之別。

如今，銀行存款利率一降再降，在這樣的環境下，流動性極好的貨幣市場基金非常適合於活期儲蓄存款投資者、一年期以下的定期儲蓄存款投資者。

悖論三：全額繳款信用高於最低額還款信用

當持卡消費透支時，在到期繳款日之前還清全部的款項，會讓銀行知道自己有充足的還款能力，那麼，這樣做的信用一定會高於選擇最低應繳金額的信用。這一點是很多信用卡持卡人深信不疑的。

但事實卻不一定是這樣，不信請看下面的案例。

小王和小李在同一個公司上班、年齡相同且收入也相同，兩人一起於去年二月分在某銀行辦理了信用卡。今年公司受到經濟危機的影響，小王和小李的收入都有些縮水，兩人都感覺 50,000 元的信用額度不夠用，均向這家銀行的信用卡中心申請提高信用額度至八萬元，並且按要求提供了同樣的資料，但令他們想不通的是，小王的信用卡的信用額度提高到了八萬元，而小李的信用額度才到 60,000 元。

小李越想越不舒服，因為自己和小王每個月的透支消費額相差不了多少，而且自己還特別講信用，每次都及時全額繳款；

可是小王有好幾次因為資金不足而選擇了歸還最低應繳金額。按理說，信用卡的信用額度象徵著一個人的信用，自己如此講信用卻不及小王的信用額度，銀行明顯是「信用歧視」。

帶著疑問，帶著怒氣，小李給在銀行工作的朋友陳經理打電話詢問。陳經理聽完小李的「控訴」，笑著說，銀行這樣做有銀行的道理。

原來，信用卡持卡人在向銀行申請提高信用額度後，銀行要對持卡人的各項情況進行評估。評估的內容除了持卡人的信用情況和還款能力，還會根據持卡人的另外兩個情況來定奪信用額度的高低。

首先是持卡人的日常消費額度情況。例如某一信用卡的信用額度是 50,000 元，該持卡人每個月的消費額約在 20,000 元上下，那麼銀行就會認為 50,000 元的信用額度已經足夠持卡人使用。因此，當該持卡人申請提高信用額度時，銀行一般不會給予太高的信用額度。反之，如果該持卡人每月的消費額都接近或是超過 50,000 元，銀行就會根據其信用情況和還款能力較大幅度的提高其信用額度。

其次是持卡人給銀行創造的收益。信用卡的推出給消費者帶來了很多便利，但是其首要目的還是為銀行賺錢。小李和小王每個月收入相近、日常消費也相近，兩人信用額度不一樣的原因顯然不是「日常的消費額度」的問題。這種被小李認為是「信用歧視」的行為，正是由於他們為銀行創造的不同效益造成

的。小李每次都在免息分期內還清所有透支款，銀行從他身上收不到一分利息。而小王好幾次選擇了歸還最低應繳金額，且不存在拖欠的情況，這就讓銀行多次賺取了利息，銀行有利可圖，自然給他更高的信用額度。

小資族可以根據自己的實際情況做一個利弊權衡，如果想要提升自己的個人信用，不妨在透支消費後，選擇一兩次歸還「最低應繳金額」，然後在下期帳單來時還清透支款。這樣做雖然讓銀行吃了點利息，卻能提高自己在銀行的信用程度。如果希望少付一點銀行利息，可以選擇那些消費總額較低的月分，這樣向銀行支付的透支利息也會少些。

如何降低存款利息損失的風險

儲蓄存款是最為保險的理財方式，但是如果儲蓄存期選擇不當，也有可能會造成利息損失。也就是說，如果把錢存入銀行後，存款利率調高，或者當定期存款尚未到期，但急需把錢提前領取時，那必然會有利息的損失。規定我們無權變更，但是我們可以有效規避這些風險。

學會分析經濟形勢和趨勢

利率的調整與當前的經濟形勢有著密不可分的關係，平時多關注關注媒體對經濟形勢的報導對利率走勢的正確判斷有很大幫助。例如當前利率水準已較高，媒體輿論也沒有任何風吹草動，那麼在一段時間內再調高利率的可能性不大，這時可以把存款的期限定得稍長一些；反之，則稍短一些。

選擇適合自己的儲蓄種類

在定期存款中，不同的種類、不同期限的存款，其存款的利率是不同的。雖然我們都知道期限越長利率也越高，但是如果不全面考慮自己的實際情況而一味的選擇長期存款，以後一旦遇到急事需要提前領取，損失的是自己的利息。因此，在辦理定期存款時，要根據自己的實際情況準確判斷所存款項的預期使用時間，認真選擇儲蓄種類，避免提前領取。

對於廣大小資族來說，儲蓄種類主要包括以下幾大方面（如下表所示）。小資族可根據自己的實際情況，採用中期、短期、活期相結合的原則，以備不時之需。

儲蓄的種類

資金情況		儲蓄種類	儲蓄種類說明
日常開支	隨時需要隨時	活期	數額以維持半年左右的日常開支為佳
	金額確定，較有規律	短期定存	
每月結餘		零存整付	積少成多，強制存款
近期花費，不確定日期的		定活兩便或通知存款	利息高於活期存款，可隨時
長期不動的費用		整存整付	確定到期前不需要這筆錢，否則提前
子女教育的費用		教育儲蓄	實為零存整付，但不收利息稅，利息按同等級整存整付的利率計算

通用存款組合：定期為主，通知存款為輔，少量的活期儲蓄和定活兩便存款

辦理部分提前領取

如果儲戶在辦理了定期儲蓄存款以後，遇有急事不得不提前領取存款，不妨採取部分提取存款的方法。選取存款額大於所需資金的定期存款單，未提取部分仍可按原存款單的存入日期、原利率、原到期日計算利息。這樣可以減少利息的損失。

例如某儲戶有一張 10 萬元的一年期定期存款單，2008 年 12 月 23 日存入銀行，半年後他急需用錢 5 萬元，如果他不知道可辦理定期存款的部分提前領取手續，而將存款單的 10 萬元全部取出，那麼這 10 萬元將全部按照活期利率計付利息，利息＝ 100,000 元 ×0.36%×1 ＝ 360 元。如果他根據需要提前領取 5 萬元，其餘 5 萬元仍按原存入日期的原利率計息，那麼，利息＝ 50,000 元 ×2.25%×1+50,000 元 ×0.36%×（180 ／ 360）＝ 1,215 元，比全部提前領取減少損失達 855 元。

需要注意的是，根據現行儲蓄條例的規定，只有定期儲蓄存款（包括通知存款）可以辦理此項業務，其他的儲蓄品種不能部分提前領取。

辦理存款單存款單質借貸款

除了部分提前領取，定期存款還可以拿定期存款單作抵押，辦理小額抵押貸款，也就是存款單質押貸款。這種貸款是指借款人以貸款銀行簽發的未到期的個人本外幣定期儲蓄存款單（也有銀行辦理與本行簽訂有保證承諾協定的其他金融機構開具的存款單的抵押貸款）作為質押，從貸款銀行取得一訂金額貸款，並按期歸還貸款本息的一種信用業務。

存款單質押貸款業務與部分提前領取業務的目的相同，都是為了說明定期存款儲戶解決急需資金，而又不想損失利息的難題。那麼，在急需用款時，是不是這兩種方法任選其一就可以呢？

不是。儲戶在具體操作時，還要根據用款時間以及用款日離原存款單到期日的時間來確定究竟選擇哪種方法更合適。一般說來，用款日期較長，或用款日離原存款單到期日時間較長（存款單的原定存期尚未過半），而且所需款項小於原存款單存款額時，選擇部分提前領取存款的方式為宜；如果用款日期較短（例如只需用款幾天或幾個月），或用款日離原存款單到期日較近（存款單的存期已經過半），選擇以定期存款單作抵押借取資金更佳。

★ 理財小叮嚀：利用十二分法抵禦突發事件

你可以將自己的積蓄進行十二等分，每月都存成一個一年期定期，還可以將每月的花費剩餘的錢都存成年的定期，而無論錢數的多少。這樣，一年之後，你每個月都會有一筆定期存款到期，就算有緊急事件發生急需用錢，也可以隨意領取。這樣做既可以享受定期儲蓄的高額利息，也能滿足家裡開支的需要。如此好的理財方法，何樂而不為呢？

如何降低存款本金損失的風險

前面我們了解到由於儲蓄存期的選擇不當，可能會造成存款利息的損失。那麼，你有沒有想過自己存在銀行裡的存款本金也有損失的風險。存款本金損失的情況主要發生在通貨膨脹較為嚴重的時期，如存款利率低於通貨膨脹率，就會出現負利率，也就是存款的實際收益≤ 0，這個時候如果沒有保值貼補，存款的本金就會發生損失。

以下為您介紹幾種避免存款本金縮水的措施，儲戶可根據自己的實際情況進行選擇。

不要輕易將定期存款隨意取出

如果沒有特殊需要或是有很大把握的高收益投資機會，切記不要輕易將已存入銀行一段時間的、尤其是存期已過半的定期存款取出。因為即使在物價飛速上漲、銀行存款利率低於物價上漲率而出現負利率的時候，銀行存款還是按票面利率計算利息的。如果在這個時侯把錢取出來放在家裡，那麼一點利息也沒有，損失更大。

善於比較不同投資的收益大小

如果遇到比定期存款收益更高的投資機會，如國債或其他債券的發行等，儲戶也不要盲目提前取出定期存款，而改作其他投資。應該先將繼續持有定期存款與取出存款改作其他投資兩者之間的實際收益作一番計算比較，再從中選取總體收益較高的投資方式，以免得不償失。

例如某儲戶於 2008 年 3 月拿著 1996 年 5 月 1 日存入的整存整付三年期定期存款單 10,000 元到銀行要求提前領取，打算購買 1998 年三年期國庫券，銀行工作人員為他算了一筆帳：如不考慮保值因素，按存入日 %1% 的年利率計算，該儲戶到期時應得利息 324 元；購買國庫券，到期應得利息 420 元。現在的存期為 22 個月，如果提前領取只能按活期儲蓄利率計算，期間又遇到兩次降息，實得利息不到 50 元。如此一算，買國庫券雖比存滿 3 年多得利息 96 元，但是提前領取損失的利息高達 270 元。

謹慎對待已到期存款

對於已到期的定期存款，可以根據存款的利息收益率、利率水準、以及利率走勢等因素與其他投資方式相比較，結合自身的實際情況進行重新選擇。小資族要特別考慮自身的工作性質、靈活掌握投資時間的程度、以及對風險的承受能力等因素。

如果遇到當前利率水準較高，未來利率水準有可能下調的情況時，對於每天早出晚歸的小資族來說，繼續轉存定期儲蓄是較為理想的選擇。因為利息收入是按存入日的利率計算的，在利率調低前存入的定期存款，在整個存期內都是按原存入日的利率水準計付利息的，在利率水準較高、或利率可能下調的情況下，存入較長期限的定期存款意味著可獲得較高的利息收入。

如果遇到當前利率水準較低，未來利率水準有可能調高的情況時，可以將已到期的定期存款投資一些收益率較高的產品；或者將存款轉存為期限較短的儲蓄品種，以待更好的投資機會。對於收入不高，對利率的走勢不十分了解的人群，選擇較長期限的定期儲蓄存款是較為明智的；對於具備一定風險抵禦能力，並對利率變化資訊較為敏感的人群，可以選擇類似國債這樣的有一定風險、但收益率較高的投資方式。

總而言之，只要儲戶多多關注目前的經濟形勢，對經濟發展趨勢有一個理性的把握，結合自身的實際情況選擇適合自己的投資方式，就一定能基本上降低存款本金損失的風險，從而獲取較高的收益。

★ 理財小叮嚀：有價證券與利率的關係

在利率水準較高，未來利率水準有可能下調的時候，金融市場上的有價證券（股票、國債、企業債券等）通常處於價格較低、收益率相對較高的水準，利率的下調會進一步推動它們價格的上漲。如果你具備一定的投資經驗，並能靈活的掌握投資時間，可以將存款投入到有價證券市場，等到利率下調的時候將有價證券拋出，可獲得更高的投資收益。

小資族合理避稅有三招

納稅是每個人的法定義務，我們都要依法納稅。這裡說的「避稅」不等於「逃稅」，而是指「不繳冤枉稅，避免少繳稅風險」。對於小資族來說，個人所得稅是其最大的納稅開支，雖說納稅光榮，但如果能夠利用稅收優惠政策實現避稅又何樂而不為呢？

理財選擇避稅品種

銀行儲蓄不用納稅，還有很多理財方式不僅不用納稅，收益還比儲蓄高。如投資基金、教育儲蓄、國債、保險等。小資族選擇這些理財方式，不僅可以避稅，而且合理分散了資產，增加了收益的穩定性和抗風險性。

利用捐贈稅前抵減

按照規定：個人將其所得透過境內的社會團體、國家機關向教育和其他社會公益事業以及遭受嚴重自然災害地區、貧困地區的捐贈，金額未超過納稅人申報的應納稅所得額 % 的部分，可以從其應納稅所得額中扣除。

第3章

先考慮保障以規劃理財

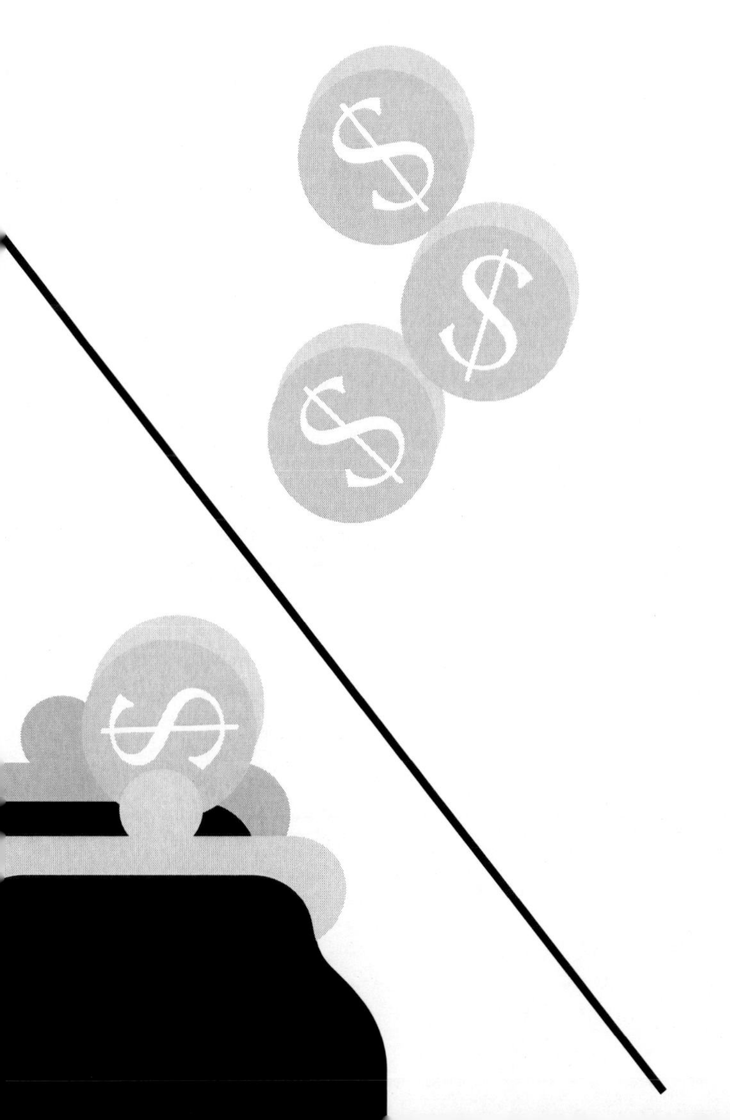

小資家庭成員如何搭配保險

保險本身不是保險箱，它並不能阻止風險的發生，它只能在風險發生的時候為我們提供應對風險的財務保障。而家庭成員彼此之間都承擔著一定的家庭責任，規劃出一份適合自己家庭情況的保險計畫，更能展現出家庭成員之間相互的責任與愛。

在規劃家庭保險之前，要先確定一下自己家庭成員的範圍，一般的家庭包括自己的父母、子女和愛人。在這個家庭中哪一位是家庭的「支柱」？「支柱」在，家庭遇到任何風險，財務上還可以想辦法解決。如果這位「支柱」發生風險，家庭會遇到怎樣的困擾？平日的生活中需要為愛人準備多少生活金？父母和子女的年齡越來越大，需要為父母準備多少孝親費，為子女準備多少成長金和教育金？將這些數額相加基本上就是這位家庭成員需要擁有的壽險和意外險的保額。

首先，要為家庭經濟「支柱」配備重疾險，如果家裡的「支柱」發生危險，對於一個小資家庭來講是無法承受的。按目前平均的醫療費用，重疾險的保額一個人準備 80 萬元也就夠了，考慮到是家庭中最主要的經濟來源，可以適當多準備一些。

其次，家庭其他成員重疾險的不完善是家庭面臨的一個巨大的風險漏洞，如果不妥善解決，可能帶給我們的就是無法承受的痛苦。現在隨著醫療水準的提高，醫療費用也越來越高，很多人看不起病。如果沒有一定的醫療險，普通收入家庭很難承擔得起高額醫療費用。

養老險和子女教育險可以同時考慮，具體先考慮誰，沒有一定的原則。一般來說，你認為哪一項需求比較緊迫就先考慮誰。養老和子女教育是每個人都會遇到的問題，通常養老險和子女教育險都由保戶自己將錢存入保險公司，保險公司利用穩健的投資管道說明客戶投資增值。由於保險公司複利增值利率高的優勢要經過十年以上才能展現出來，通常在二十年後，這筆錢的票面價值才會翻倍。因此存養老險和子女教育險的時間，最好是在需求發生前二十年提前準備。

還有些年輕人非常孝順，在步入工作職位之後，首先想到的就是為父母買一份保險。這份孝心值得讚許，但是具體實施起來，卻會遇到很多的問題。例如：一位一百歲的老人，如果為他買份 10 萬元的壽險，他每年所需支出的保費大約要 5 萬元。這個數字是根據風險發生的機率計算出來的，而且這些保費是消費型的，是不可能拿回來的。假設這位老人身體非常好，當他 102 歲的時候支出的保費是 10 萬元，103 歲是 15 萬元，104 歲是 20 萬元……如此高的保費，作為小資族的你會選擇嗎？

因此，年輕人買保險請盡早，在年輕的時候、健康的時候買，對自身更有利。等到年齡大了，發現周圍盡是風險的時候，健康衰退時，可能就會遇到沒有保險公司願意為您保險的危機了。

★ **理財小叮嚀：子女就是老年人最好的保險**

俗話說「養兒防老」，人到了老年的時候，基本上是需要依賴自己的子女的，也可以說，子女就是老年人的保險。要想幫助那些年輕時沒有機會購買保險的老年人安度晚年，作為子女的我們就把自己保護好吧！子女就是對老年人最大的保障。因此，年輕人可以選擇一些意外險、壽險、重大疾病險、住院險、癌症險等，來為自己的風險提供保障，既保障了父母，也保障了全家。

保險要買得「保險」

天不一定會下雨，但雨傘卻是我們生活中必不可少的物品；小偷不一定會來光顧，但我們還是願意裝上防盜門及鐵窗。保險的作用也是如此，風險並不一定會發生，但是居安思危，也可有備無患。僅有保險意識還不夠，還要學會明明白白買保險，只有保險買得「保險」，才能輕輕鬆鬆獲得理賠。

投資理財界有句名言：不要將雞蛋放在同一個籃子裡。這句話告訴我們，在選擇投資理財產品時思維要開闊，不要局限於某一種投資方式。保險也同樣如此，現在隨著市場的發展，很多保險產品除了基本的保障功能外，還擁有投資、分紅等功能，已與股票、基金、債券、不動產等投資方式一樣，成為了當紅的理財產品。那麼應該如何分配這些理財產品的比例呢？目前國際上比較通行的做法是將收入的 25% 用於儲蓄、40%

用於保險（主要是保障類保險）、剩下的35%用於消費和投資。其中，保障家庭生活始終是第一位的，首先要預留家庭足夠的生活所需，其次留足家庭意外事故所需，剩下的錢才能拿出來投資。

既然保險在家庭的各類支出中占有如此大的比例，那麼該如何買保險呢？這個時候不妨請您先仔細考慮以下四個問題後再做決定。

問題一：我現在以即將來一定時期內有多少錢可以用來買保險？

問題二：我在不久的將來最想解決哪些問題？

問題三：我承擔著哪些責任？

問題四：我的家庭狀況怎樣？

當這四個問題有答案後，為了保險起見，還有必要學習一下買保險的基本功。

1. 保險知識全面指南

保險（僅指商業保險）是指投保人根據合約約定，向保險人支付保險費，保險人對於合約約定的可能發生的事故因其發生所造成的財產損失承擔賠償保險金責任，或者當被保險人死亡、傷殘、疾病或者達到合約約定的年齡、期限時承擔給付保險金責任的商業保險行為。詳見下表（附註：不同保險公司略有不同，僅供參考示意）

保險的基本知識

	要素	具體說明
	保費	投保人為了使被保險人得到保險保障，按保險合約約定向保險人繳納的費用
	保險金	保險人按保險合約約定，賠償或給付被保險人及其關係人的金額
	保額	出險或到期後所能得到的償還金額
	保險費率	指保費占保額的比例，是各家保險公司之間競爭的主要手段
	投保標的	財產、人身
保顯四種人	投保人	與保險公司簽定保險
	保險人	就是我們平常所說的保險公司
	被保險人	受保險合約保障，並在保險事故發生時享有保險金請求權的人
	受益人	人身保險合約中由被保險人或投保人指定的享有保險金請求權的人
	保險代理人	根據保險人的委託，向保險人收取代理手續費，並在保險人授權的範圍內代為辦理保險業務的公司或者個人
	保險經紀人	基於投保人的利益，為投保人與保險人訂立保險合約提供仲介服務，並依法收取佣金的公司
	免除事項	發生後保險公司不用償還的各種事項

2. 保險的種類

詳見後面章節。

3. 保險的選擇

保險的種類很多，不同的保險其保障側重點也有所不同。在選擇保險產品時，要充分考慮家庭成員的年齡、收入、工作狀況等諸多因素，依據家庭的實際情況選擇保險，切忌盲目跟風。簡單的說，適合自己的才是最好的。

在選擇保險公司時，要學會「貨比三家」。因為雖說各大保險公司的條款和費率都是經過國家相關機構批准的，但裡面的實際內容也有所不同，如重大傷病醫療保險，有的保險公司包括幾十種重大傷病，而有的只包括幾種。因此，投保人在選擇保險公司時，一定要貨比三家，比較不同保險公司同類保險產品的條款有什麼不同，之後再做選擇。

4. 謹慎對待保險條款之法

在簽訂保險合約時一定要仔細閱讀保險條款，充分了解保險責任和責任免除。看清保險期限、保險費、保險金額和保險責任保障程度，以確定適合自己的保險產品和保費繳納方式。為了防患於未然，還要看清退保規定，通常一年期以上的壽險合約在客戶收到保險單後有十天的猶豫期，這期間可以全額退款，過了這個期限就要扣除一定的手續費或按現金價值退保了。

了解了以上知識，在買保險時就可做到有備無患。不過要注意的是，將風險轉移到了保險公司身上並不就意味著災害事故真正離開了投保人，只是透過借助眾人的財力解決一個人的問題，給遭災受損的投保人以經濟補償，從而使個人難以承受的損失變成多數人可以承擔的損失。

★ 理財小叮嚀：中低收入家庭更需要保險保障

相對於高收入家庭，中、低收入家庭更難抵禦突然來臨的風險，因此，中低收入家庭更需要保險保障。保險對於高收入人群來說可謂錦上添花，對中低收入的家庭才真算是雪中送炭。在當前經濟困難時期，中低收入家庭應優先投保純消費型的短期保險和純保障的長期儲蓄型保險，即先投保壽險、健康險、養老險、教育險等非投資型保險。等到以後經濟回暖，再考慮分紅險、萬能險等投資型保險。

選擇保險有什麼原則？

保險是一種結合了投資與保障兩種功能於一身的很複雜的金融工具。但是作為小資族的我們，還是不要把保險想的過於神祕莫測，保險最重要的作用還是保障。基於這種目的，我們在選擇保險的時候要注意以下原則：

主次原則

你身邊最重要的人是誰？父母？愛人？還是自己的孩子？一個家庭中最重要的「支柱」又是誰？將家人的重要程度排列出主次和重點，展現在選擇保險上，就是在投保保費的支出上排列出了主次和重點。通常對於父母來說，子女是其最大的保障；身為年輕父母，自身是年幼子女最大的保障；對二人家庭來說，

經濟收入高者是另外一個人的保障；如果僅僅是自己，那自己就是自己最大的保障。

趁早原則

從「投機」的角度來講，「保險」就是用較少的錢進行以小搏大，從而獲得保險公司給與的「保險補償」。那麼，越早投保，獲得的保障性價比就越高。拿醫療保險來說，意外、大病、一般疾病是每一個人所要面對的風險形式，其帶來的後果無非以下幾種：花費醫療費、花費大病高額治療費、手術費；或者某人太早離開，使得其他人生活困難；甚至家庭在花費了大額治療費後某人還是離開了，落得個「人財兩空」的下場。

評估原則

有一個比較現實的小故事：一個人和一匹馬同樣在馬路上被撞死，馬死後還能夠賣肉為主人賺錢，可是如果這個人沒有保險，就只能讓家人花錢。這樣的比較也許比較殘酷，但現實確實如此。在選擇保險的時候，問問自己或者要保障的人，一旦遇到「意外」，自己的身體能夠留給家人、父母或者孩子多少錢？從中再扣除各險種都包含的身故額度，剩下的就是你需要單獨的壽險保障額度。

「三看」原則

這個原則主要是針對保險公司的。在選擇保險公司時，要「三看」，即看公司實力、看產品細節、看理賠品質。其中，看公司實力是指要選擇具備足夠償付能力的公司，這樣才能保證在發生保險事故的情況下，有足夠的資金向被保險人支付保險金；看產品細節是因為不同的保險公司，同樣產品的價格可能不同，同樣保費的保險保障的範圍、保障的時間也會有所不同，投保人只有看清了這些細節，才能正確選擇保險公司；理賠品質的好壞直接反映出一家保險公司的信譽，好的保險公司理賠時比較方便，也比較快，客戶只需要收集相關資料即可，不好的保險公司理賠起來拖拖拉拉，非常繁瑣。買保險的目的就是避免風險，千萬不要因為沒有選擇好保險公司而增加了新的風險。

金字塔原則

至於購買養老保險、子女教育保險以及純粹的兩全分紅保險，更多的意義是為了增值，當然，增值的目的還是為了自己發生意外以及年老的時候，自己的孩子能夠有一定保障。但是，財產的增值不能完全依賴保險，而是應該將保險與其他收益更高的理財方式相結合，例如：在投資養老保險時，可以勞保打底、商保提升、投資健全，形成一個金字塔形狀的投資組合；在投資子女教育保險時，可以儲蓄打底，商保提升、投資健全，同樣是一個金字塔形狀。

★ 理財小叮嚀：選擇保險代理人很重要

保險代理人的選擇要看和個人的契合程度，從某種意義上

講，當保險代理人成為客戶的好搭檔或生活中的好朋友時，投保的效果會更好。一個合適的保險代理人能夠聽得懂你的話，明白你的需求，洞曉你的人生規律。只有對你有足夠的了解，才能從專業角度幫助你做出一份最適合自己的保險規劃。

生活中常用險種選擇建議

人的一生中總是機遇與風險同在的，適當的保險能讓你的小日子過得更美滿，減少損失，避免風險。保險可以為投保人提供經濟保障和補償，還可以為投保人帶來長期穩定的投資回報。那麼，現在市面上如此多的保險品種，你又了解多少呢？生活中你應該怎樣選擇合適的保險品種呢？讓我們從保險的分類入手，選擇出最適合自己的險種。

按照實施的方式劃分，保險分為強制保險和自願保險

強制保險，又稱法定保險，是根據相關法律法規，在某些特殊的群體或行業，不管當事人願意與否，都必須參加的一種保險。由於強制保險在某種意義上表現了國家對個人意願的干預，因此強制保險的範圍是受嚴格限制的。按照規定，除了法律、行政法規規定必須保險的以外，保險公司和其他任何公司不得強制他人訂立保險合約。

自願保險，是投保人與保險公司在平等互利、等價有償的原則上，透過協商，雙方自願訂立的保險合約，是商業保險的一個基本原則。也就是說，是否投保和承保，參加什麼保險，保險合約的具體內容，完全由雙方自願自主決定，不受任何第三者干預。

按性質劃分，保險分為商業保險、社會保險和政策保險

商業保險，又被稱為金融保險，是相對於社會保險而言的險種。按規定，商業保險組織根據保險合約約定，向投保人收取保險費，建立保險基金，對於合約約定的發生造成的財產損失承擔賠償責任；或當被保險人死亡、傷殘、疾病或者達到合約約定的年齡、期限時承擔給付保險金。保險人經營商業保險的目的是盈利，而投保人投保是出於保險法低於未來的預期損失，雙方都出於各自經濟利益考慮。

社會保險，以國家為主體，對有薪資收入的勞動者在暫時或者永久喪失勞動能力，或雖有能力但無工作，也就是在喪失生活來源的情況下，透過立法手段，動用社會的力量給這些勞動者以一定程度的收入損失補償，使這部分勞動者能夠繼續達到最基本的生活水準，從而保證勞動力再生產和擴大再生產的正常運行，這是保證社會安定的一種制度。目前的社會保險主要包括養老保險、醫療保險、失業保險、傷殘保險、生育和疾病保險等五種保險。社會保險不以營利為目的，是國家的一種福利政策。

政策保險，是政府為了實現一定的政策目的，在特定領域運用商業保險的技術而開辦的一種保險。

按照保險標的不同，保險分為人身保險和財產保險

人身保險是以人的壽命和身體為保險標的的保險。當被保險人的生命或身體由於意外事故、意外災害、疾病、衰老等原因，導致死亡、殘廢，或喪失勞動能力時，或被保險人年老退休，保險期滿時，保險人按照保險合約的規定，向被保險人或受益人給付保險金或年金。人身保險是與我們日常生活關係最為密切的。

人身保險的具體內容（僅供示意參考）

<table>
<tr><td rowspan="5">人身保險</td><td rowspan="3">保障型</td><td>意外險</td><td>全稱為「意外傷害保險」，是以被保險人的身體作為保險標的，以被保險人因遭受意外傷害而造成的死亡、殘疾、醫療費用支出或暫時喪失勞動能力為給付保險金條件的保險</td></tr>
<tr><td>重大疾病險</td><td>由保險公司經辦的以特定重大疾病，如惡性腫瘤、心肌梗塞、腦溢血等為保險對象，當被保人患有上述疾病時，由保險公司對所花醫療費用給予適當補償的商業保險行為。</td></tr>
<tr><td>養老險</td><td>根據一定的法律和法規，為解決勞動者在達到國家規定的解除勞動義務的勞動年齡界限，或因年老喪失勞動能力退出勞動職位後的基本生活而建立的一種社會保險制度。</td></tr>
<tr><td rowspan="2">投資理財型</td><td>分紅險</td><td>保險公司在每個會計年度結束後，將上一會計年度該類分紅保險的可分配盈餘，按一定的比例、以現金紅利或增值紅利的方式，分配給客戶的一種人壽保險。</td></tr>
<tr><td>變額壽險</td><td>全稱為「變額萬能人壽保險」，是一種將萬能壽險的繳費靈活性和變額壽險的投資靈活性相結合的保險。</td></tr>
</table>

財產保險：以某類財產及相關利益作為保險標的的一種保險。在保險期間，保險人承擔保險標的由於自然災害或意外事故所造成損失的經濟賠償責任。財產保險有廣義和狹義之分，其中，廣義的財產保險可以分為財產損失保險、責任保險、信用保險、保證保險等；狹義的財產保險通常包括企業財產保險、家庭財產保險、運輸工具保險、運輸貨物保險等。

★ 理財小叮嚀：買保險也要「量體裁衣」

無論你買保險的目的是為了給自己增添一份保障，還是為了投資；也無論你買哪種保險，拿出多少錢來買保險，都是要建立在你對這些保險種類足夠了解的基礎上。尤其對於小資族來說，手中的積蓄不多，卻要應付未來生活中有可能發生的各種各樣的事情，如果在選擇保險的時候不以自己的經濟能力和需求為原則而盲目效仿，只會做出沒有必要的投資。

怎樣買到最適合自己的保險

都說要根據自己的經濟能力、自己的需要購買保險，找到一份適合自己的保險是所有保險消費者的願望，那麼，怎樣才能買到這樣一份保險呢？

選擇一家有實力的公司

利用保險理財是一項長期的工程，一個好的保險理財計畫通常是對你一生的一個整體規劃。所以選擇一家財務穩健的公

司很重要，如果你不慎選擇了一家實力不強的公司，很難保證在今後的二、三十年中，這家公司的經營狀況會是一個什麼樣子。因此，在你購買保險之前，一定要對投保公司的歷史、規模以及口碑做一個全面的了解，這些因素都能反映出這家公司的經營管理、投資、銷售等方面的綜合能力。

選擇一位專業的代理人

選好保險公司之後，就要為自己選擇一位專業的理財師了。一位專業的代理人就如同你的私人醫生，私人律師，可以根據客戶的需要做一個專業的需求分析，並為你指定一份合適的理財計畫。在選擇理財師時，可以從他的專業程度，誠信程度，以及持續服務意識等方面綜合考慮。當你擁有一位專業的理財師，小到變更帳號、位址、受益人，大到方案的定期檢視、調整及理賠，就都不用太操心了。

不要自以為是

有些投保人喜歡自己去做一些事情，比如上網看保險產品，對比公司等等，看完以後就直接做出購買決定。這種做法是有一定風險的，我們並不提倡。因為保險公司有數十家，保險產品有上千種，每種都有自己的賣點，一個行外人畢竟不會把全部的時間放在保險理財的學習上，在網上或者其他地方看到的保險知識也是不系統的，更談不到專業。很多投保人在購買自己設計出來的產品後，不惜高額損失也要退掉，其中大部分原因可能就是沒有真正感受到自身問題所在，僅被產品的「賣點」所吸引，做出了不完全符合自身需求的選擇。所以，聽專業代理人的意見非常有必要。

不要拖時間

有些投資者在了解了一些保險產品以後，總想著過段時間再說。其實，保險越早買越有保障，因為疾病和意外是我們所無法控制的，到底在哪一天發生，我們很難預測。等到一旦發生了，再想買保險可能就沒有機會了。而且，保險是越早入險越合適，因為大多數險種都是隨著年齡的成長而不斷調高費率的，在你二十歲時的入險費率和四十歲時的入險費率可能會差出足足一倍。

當你從以上幾點出發，相信能夠幫助你買到最適合自己的險種。

★ 理財小叮嚀：外資保險並不一定更好

不少投保人認為中資保險存在針對性不強、同質化等問題，於是將目光投向外資保險產品。這種觀點是不客觀的。保險公司經過多年來的發展，產品體系已初具雛形，在傳統人身險、健康險等方面具有一定的特色。投保人在選擇保險時，要弄清自己需要的是風險保障還是投資收益，不要被表象所迷惑。

再婚小資家庭投保案例

不同的家庭有不同的投保方式，再婚家庭是我們生活中比較特殊的一種家庭組合，他們應該如何投保呢？

人物背景：陳女士，二十八歲，一家出版社的主編；丈夫，三十歲，軟體工程師，帶有兩歲的孩子，再婚。

資產狀況：陳女士月收入 50,000 元，丈夫收入相當。兩人年終都有獎金，均作為結餘。活期存款 70 萬元。自住房市值 850 萬元，存款餘額還有 90 萬元。一間套房市值約 285 萬元，用於出租，每月收租金 12,500 元。每月的貸款支出 36,000 元，日常生活開銷 12,500 元。

理財需求：陳女士與丈夫希望在明年年底前要第二個孩子；儘早償還房貸；把 70 萬元活期存款和每月結餘的 24,000 元用作投資；近期購買保險。

需求分析：陳女士的家庭屬於典型的小資族，新組建的一家三口已有部分積蓄，夫妻均有比較穩定的工作收入，雙方共同承擔家庭責任。未來幾年家庭要還清房貸，並養育兩個年幼的孩子。家庭很需要透過保險轉移不可控的意外險和健康風險，並強制儲蓄部分資金以補充家庭的教育金和養老金。

投資建議：透過價格便宜的意外卡實現全面、高額的意外保障。陳女士夫婦應有基本勞保，其健康保障優先考慮選擇保險期間為退休前的定期消費型重疾險，還可酌情選擇合適額度的重疾險加強其健康保障；家庭還可以選擇含生存返還的保險產品來補充家庭教育金和養老金。

方案評論：本方案從多家保險公司選擇了 5 家不同公司的產品，組合成性價比優的方案。意外、重疾保障基本保額高、保費低；更多的資金透過強制儲蓄，以補充孩子教育金及夫妻倆養老金的不足。透過該保險組合，使王女士的家庭保障達到利益均衡。這種保險方案適合於家庭風險大，又有一定的資金實力，希望透過少量保費解決高額風險保障，把現有的少量資金進行資源整合，幫助家庭安全度過高風險時期。建議在家庭收入增加或有多餘閒置資金時，考慮追加長期健康、養老和其他收益型投資。

★ 理財小叮嚀： 再婚家庭理財重在磨合

有人說，人生的第二次婚姻，就像是一種富含多種礦物元素的伴生礦，蘊含著更多複雜關係和矛盾。再婚家庭財務上的問題，就是雙方要面臨的重大挑戰之一。再婚家庭在重組前，都有原來各自不同的理財模式，雙方應盡量替多方著想，努力尋找一種適合雙方的新的理財方式。

小資族要巧買重大疾病險

重大疾病險的創始人伯納德先生曾說過：「你需要保險，並不是因為你生病要死了，而是因為你需要活下去。」年輕的小資族也許對此不以為然，認為自己離所謂的「重大疾病」還很遠。可是根據統計的結果並不那麼樂觀，隨著現代人吃得越來越

好、運動越來越少、壓力越來越大，汙染越來越嚴重，重大疾病的發病率直線上升，統計資料顯示，人一生中患重大疾病的機率高達 72.18%，而且病魔防不勝防，不分男、女、老、幼、貧、富、貴、賤。

儘管隨著現在醫療水準的日益提高，重大疾病並不那麼可怕，但可怕的是越來越貴的醫療費用以及未來的生活費用。對於一個普通的小資族而言，一旦有家庭成員患重大疾病，很可能意味著整個家庭因病而返貧，辛辛苦苦幾十年的積蓄一下被掏空。因此，小資族要學會巧買重大疾病險，一旦疾病真的來臨，也能將損失降到最低。

例如：楚女士今年二十九歲，夫婦雙方都是普通的小資族，家庭年收入在 80 萬元左右，都有健保。按照他們夫婦的收入情況，可以選擇如下兩種方案。

方案一：

主約為重大疾病險和附加險四項。其中，重大疾病險可以保終身，保險範圍為 30 種重大疾病，如果不幸罹患其中一種重大疾病，就可以得到 80 萬元保額的賠償。此外，按照保險公司的規定，只有購買了主約以後，才可以購買附加險，一般附加險保險期限比較短，保費比較低，保障也比較全面。像楚女士這樣的情況，可以選擇保額為 100 萬的殘疾意外傷害險、保額為 50 萬的意外傷害險、保額為 20 萬的意外傷害醫療保險和住院收入保障 5 份。

按照這個方案，楚女士每年需要繳納 31,808 元，其中主約每年為 21,410 元，其他四項附加險每年僅為 3,980 元。等到保險人年齡達到三十九歲～四十九歲時，附加險住院收入保障的保費會有小幅調整。

對於小資族而言，花最少的錢得到最大的保障是最佳的選擇。以上這種保險組合就達到了這樣的目的，夫婦雙方每年只需拿出薪資的 4%，就可以得到這樣的大病保障。除此之外，附加險還將保障，被保險人無論因為何種疾病需要住院，每天都可以得到補助。

方案二：

主約為分紅型重大疾病險和附加險四項。選擇分紅型重大疾病險的好處是，保險公司會將根據盈利情況，給被保險人分紅。例如被保險人六十五歲之前身體非常健康，沒有患上任何重大疾病，那麼他就可以得到 20 萬元加上紅利，至少在 30 萬元左右。而且被保險人在六十五歲後，還可以按月從保險公司領到養老錢，一般每個月在 3,500 元左右，並可以一直領到身故為止。

★ 理財小叮嚀：小資族可以分期交付保費

重大疾病險的繳費方式主要有躉繳、年繳、月繳和限期年繳。躉繳即一次性繳清所需全部保費；年繳即每年繳納一次保費；月繳方式即每月繳費一次。建議小資族選擇月繳保費，

這樣每次繳費的數額比較小，不會給家庭帶來太大的壓力。此外，有些保險公司規定，若重大疾病保險金的給付發生在繳費期內，從給付之日起，免交以後各期保險費，保險合約繼續有效。舉例說，如果投保人在繳費的第二年罹患疾病，選擇 10 年繳，就相當於實際只支付了 1/5 的保費；若是選擇 20 年繳，就只支付了 1/10 的保費。

小資家庭買保險要注意哪些事項

現在社會上一些不法人員借助推銷保險的名義詐騙顧客錢財的事情時有發生，因此，小資族在購買保險時一定要擦亮眼睛，謹防上當受騙。

必須了解保險公司

對於投保人來說，買保險是一項長期的投資。因此，在選擇保險公司時，投保人必須了解公司的基本情況，如註冊資金、業務開展情況、理賠情況等等，做到心中有底。

盡量避免間接購買

買保險要直接到保險公司買，盡量不要間接購買。因為無論是保險代理人還是銀行代理賣保險，保險公司都需支付一部分手續費。如此一來，保險公司的成本就明顯增加了。對於投保人來說，親自去保險公司購買保險，可以避免中間因為第三人而引起的不必要的麻煩，還能夠輕而易舉的節省一筆不小的支出。

買保險也要「貨比三家」

雖然說各大保險公司的條款和費率都是經過國家保監會批准的，但仔細比較一下，不難發現裡面的實際內容也有所不同。如大病醫療保險，有的保險公司包括幾十種大病，而有的只包括幾種。因此，投保人在選擇保險公司時，一定要貨比三家，比較不同保險公司同類保險產品的條款有什麼不同，之後再做選擇。

此外，投保人選擇了保險公司後，就應盡量「從一而終」。因為各大保險公司對於自己的固定老客戶都會給予一定的保費優惠。當你固定一家保險公司作為自己的保險代理公司，就能夠得到一定的實惠。

購買保險要有主見

在買保險時自己必須要有主見，切不能道聽途說，人云亦云。畢竟每個人的情況不同，選擇保險時也會有所不同。更不要礙於情面而選擇熟人或親友介紹的保險，如果買到不適合自己的保險，不退難受，退保的話要蒙受很大的損失。正確的做法是在購買保險之前，考慮清楚自己或家人究竟需要哪些保險、該投保多長時間，如果投保人一時衝動盲從他人選擇，而不考慮其實用性，往往會使自己所買的保險發揮不出作用。

必須讀懂保險條款

投保人在購買保險之前必須仔細研究所投保險條款中的保險責任和責任免除這兩大部分，確定保險公司應承擔責任的範圍以及不承擔保險責任的範圍。

注意保費的支付方式，保險公司在投保人支付保費的方式上，既允許投保人躉繳（一次性付清全部保費），也允許投保人分期繳。具體採用哪種方式繳費，還要結合自身的實際情況作出判斷。

在投保的過程中這些問題都是很關鍵的，如果忽視了這些，很可能會在今後遇到不必要的理賠糾紛。對一些弄不明白的保險條款，應及時向保險公司的有關人士進行諮詢。

購買保險不要圖便宜

雖然說買保險的時候需要「貨比三家」，但這並不意味著價格最低的保險就是最好的。有些人為了省下幾元保費，在購買保險時購買最便宜的，這種貌似「精明」的選擇，出險後會後悔莫及。畢竟投保人在購買保險時，保險的保障作用是最重要的，一些比較便宜的保險其所保障的範圍也往往較小，出險後理賠的錢也會很少。因此，購買保險時首先應考慮保障的範圍有多大，爾後再考慮需要花多少錢。

★ 理財小叮嚀：選擇保險時盡量利用優惠條件

現在各大保險公司為了招攬客戶，會提出各種各樣的優惠條件。因此，投保人應該盡量利用保險公司提供的優惠，做出最有利於自己的決策。如在車險中，保單中常常會有類似的規定：如果投保人當年度沒有向保險公司索賠，可以在明年度續保時享受一定的保費打折優惠。那麼如果投保人在當年發生了保險事件，就要仔細考慮一下了，算算是現在向保險公司索賠合適？還是不向保險公司索賠、繼續享受保險公司提供的保費打折優惠合適。

小資族如何為孩子更好買保險

都說投保宜早不宜遲，隨著現代人對保險意識的逐漸加強，買保險也要「從娃娃抓起」。一份適合的保險能夠幫助子女解決其成長過程中所需要的教育、創業、婚嫁費用，以及應付子女可能面臨的疾病、傷殘、死亡等風險。那麼，小資族該如何為寶貝孩子選擇保險呢？簡單來說，就是要結合自己的家庭情況和子女的需要購買，不宜多和貴。

通常來說，一份全面的少兒保障保險計畫，應該包括意外傷害險、健康險、教育險等方面。具體說明如下表所示：

兒童保單的主要內容

<table>
<tr><td rowspan="4">兒童保單</td><td>意外傷害保險</td><td colspan="2">此類保險一般屬消費型，一年僅需要幾千元，各公司都有推出</td></tr>
<tr><td rowspan="2">健康、醫療保險</td><td>重大疾病保險</td><td>重大疾病險的理賠，一般是在確診後即按照保險金額全額給付，保險責任也同時終止。</td></tr>
<tr><td>住院醫療、津貼型保險</td><td>屬消費型險種，一般是以一年為保障期限，既有主約，也有附加險，品種比較豐富。</td></tr>
<tr><td>教育儲蓄保險</td><td colspan="2">只要按期繳納相對的保費，就可以在的成長的不同階段領取小學教育金、中學教育金、大學教育金甚至婚嫁金。</td></tr>
</table>

兒童保單說多不多，說少也不算少，很多人在選擇時常常會考慮哪一種更划算。其實，由於不同公司推出的兒童保單的保障範圍不同，保費多少也自然有所差異。不過，各公司的費率是按照「三差益損」的原則，根據大量的統計資料，經過複雜的計算制定出來的。所以從價格上比較，無所謂優劣。

對於小資族來說，選擇哪種險種並不應以價格為標準，而應該看此保險是否適合自身的需要。由於保險產品不同於一般商品，它不可以自由退換，因此，購買前一定要認真研究條款，量體裁衣，根據子女最需要的來購買。

醫療意外傷害險必不可少

我們都知道，小孩子天性活潑好動、抵抗疾病和保護自己的能力弱，這些因素決定了他們是最容易受傷害的群體。據統計，兒童死亡原因中的 26.1% 屬意外傷害。因此，醫療意外傷害險對於孩子來說是必不可少的。家長在購買此類保險的時候，可以選擇一些附加保險，即在所買的某一險種上多加一筆錢，以此增加一項或幾項保險項目，這樣不僅大大增加了保障的範圍，還能相對降低保險的價格。意外傷害保險對被保險少兒發生意外事故導致死亡和傷殘時提供保障，一般都附加在少兒生存金保險中，而不單獨設立險種。據了解，目前各家保險公司開辦的少兒保險，一般都將生存金給付、意外死亡及傷殘等多項保障集合在一個險種之中，形成多功能的一攬子保險。因此，購買這類保險一般都要購買生存金這樣的主約。

越早買越划算

眾所皆知，年齡越小投保，所繳保費就越便宜，所買的壽險就越划算。此外，由於人壽保險的保險金給付是免徵各項稅賦的，家長在為子女購買保險時，可以將將財產轉移其名下，從而達到合理避稅的目的。為了防止家長因意外在保險期間無力繼續繳納保費，可以在購買主約時購買豁免保費附加險，這樣萬一家長有任何不幸，保險公司可以代繳保費，使子女的保障繼續有效。子女的教育保險同樣如此，越早幫子女買儲蓄型的兒童保單，就越有利於輕鬆累積教育金。

費用期限不宜過長過高

買保險首先是買保障，家長為子女投保時，應首先考慮子

女的健康和成長的保障，然後才是投資回報。家長為子女購買保險的繳費期可集中在子女未成年前，到其大學畢業的年齡為宜，沒有必要為子女的一生保障，更沒有必要為子女投保養老保險。而且兒童保單的保險金額不宜過高，重點在於讓子女的每個成長階段都有所保障。

不應重子女輕大人

很多家庭有為子女購買各種兒童保單的意識，卻沒有為自己投保的意識。重子女輕大人，是很多家庭買保險時容易犯的錯誤。子女未來的保障固然重要，但是作為家庭支柱的大人比子女更需要保障，大人發生意外對家庭造成的財務損失和影響要遠遠高於子女。因此，購買保險的順序是先為大人購買壽險、意外險等保障功能強的產品，然後再為子女按照需要買些健康、教育類的險種，讓保險真正展現出規避家庭財務風險的作用。

★ 理財小叮嚀：兒童保單年齡不同側重不同

0～6歲，最容易生病、發生一些小小的意外，這時給子女準備一份醫療保險是非常有必要的；7～12歲，教育基金、醫療保障一個都不能少。由於年齡偏大，購買兒童保險相對保費較貴，投保時可以選擇具有現金返還功能的保險；12歲以後，逐漸開始培養子女的理財習慣，一方面可以選擇現金返還類的壽險解決教育基金的問題，一方面也可選擇儲蓄養老類的保險提前投資子女的未來。

小資家庭買保險不必一步到位

董先生在了解了保險的重要性後，除了為自己和家人買了最基本的保險外，之後每當保險公司推出新險種，都不忘買一份。不知不覺中，購買的保險已有了十餘種，每年需要繳納的保費就超過 10 萬元，保險成了董先生家庭中的一大負擔。事實上，人在不同階段有不同的保障需求，投保人應該根據需求的不同選擇適合自己的產品，沒有必要所有險種都一步到位。例如田先生所做的保險理財規劃就十分妥當。

田先生今年 39 歲，妻子 35 歲，他們的女兒今年 12 歲。田先生是一家公司的普通職員，稅後月收入 33,500 元。他的妻子也是一名普通企業員工，稅後月收入 32,500 元。夫妻二人的年終獎合計 6 萬元，家裡的存款近 30,000 元，去年田先生公司內部股份分紅 25,000 元，去除 10 萬元的保險費用，全家年度性結餘約有 128,000 元。

他們一家三口的生活比較節儉。家庭每月基本生活開銷為 11,500 元左右。但夫妻倆對女兒卻很捨得投資，每個月花在女兒身上的學費和才藝班費用等合計要 10,000 元。計算下來，他們一家每月結餘在 13,500 元左右。

在家庭資產方面，他們的活期存款有 100,000 元左右，定期存款有 600,000 元。田先生入股公司的內部職員股價值 35 萬

元，家中的黃金收藏品大約 25,000 元。他們現在還擁有一間市值約 500 萬元的房屋，田先生希望在未來的 3 ～ 5 年內，賣出現有的這間房產，然後再另外購買一套 800 萬元左右的房屋。透過保險實現自己的人生規劃，是田先生的理財之道。

由於夫妻二人收入不高，在選擇保險產品時，田先生傾向於「消費型」的純保障或偏保障型產品，而不是偏重儲蓄功能或帶有投資性質的產品。雖然為純保障或偏保障型產品繳納的保險費會慢慢消費殆盡，最後不能從保險公司拿回一分錢，但卻獲得了保險期間內的有效保障，已經達到了「保險」的目的。而且，消費型的保險產品因為不存在到期返本的設計，只不過是積聚大量人的小量錢來應付可能發生的保險事故，因此費用會比儲蓄和投資型的同類產品低得多。

基於這種考慮，田先生夫婦分別買了 10 年期左右的定期壽險，保額在 200 萬元左右，分 10 年繳費。

田先生的保險規劃很合情合理，充分結合了自身家庭的實際情況。普通小資家庭買保險也應如此，時刻從家庭的實際情況出發，在人身的不同階段選擇不同的險種。例如：當你處於單身階段，風險主要來自於意外傷害，年輕人本著對父母承擔義務的原則，可以考慮購買意外傷害保險，如果收入許可，也可以同時購買保障性較高的終身壽險；結婚以後，由於家庭負擔增加，投保人面臨的是尋求個人保障的壓力，這個階段可以考慮購買醫療保險或針對配偶和子女的意外傷害保險；等到

40 歲以後，應考慮購買個人養老保險產品，及早為退休後的生活作準備。

對於小資族來說，購買保險時一定要考慮清楚現階段最需要哪方面的保障，保險消費追求一步到位只會加重自己的負擔。

★ 理財小叮嚀：常出差者可適當提高保障額度

如果你是經常出差或者活動空間較大的小資族，建議你每年花幾百元購買意外險，給自己一個較高的保障額度。還可以考慮附加購買一些住院醫療中報銷型和津貼型的保險產品，以填補勞保的不足。

第4章
駕馭財富，讓錢生錢

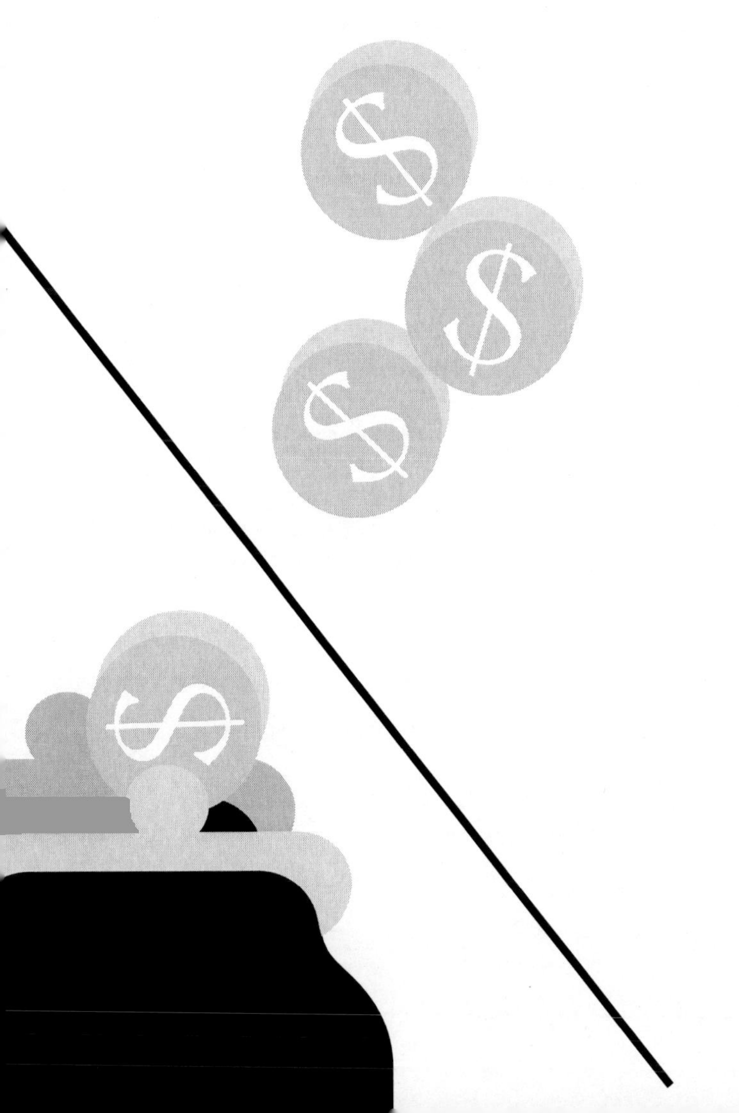

要投資不要投機，風險隨時存在

很多投資理財者分不清楚投資與投機的界限，往往抱著投資的目的，卻做了投機的買賣。葛拉漢曾經說過：「投資是一次成功的投機，而投機是一次不成功的投資。投資是指根據詳盡的分析、本金安全和滿意回報有保證的操作。不符合這一標準的操作就是投機。」

簡單的說，投資與投機是針對風險來說的，主要指得是面對風險時不同的掌握態度、能力和策略。投資者通常對風險有一個整體的認知，有一個良好的心態，有一套從容應對的策略；而投機者則沒有給自己留一點防護的措施，當風險來臨，他就只能隨波逐流。因此，投資是穩健的，投機是冒險的；投資的資金無須迅速套現，但可長期擁有；投機的資金卻來得快去得也快。

為了讓自己的生活更美滿，我們建議小資族學會科學的理財。因為，科學的理財持有的是一種長遠的、穩健的、策略性的理念，而最忌盲目冒險跟風。也就是說，科學的理財要投資，而不要投機。因為風險是隨時存在的，如果不掌握其規律，不以一種從容的心態去面對，不從長遠的角度去著手，而只是見縫就想插針，不管那縫是好是壞、是吉是凶的，鑽營投機，那幸運的話可能會獲得偶然的成功，而萬一不幸的話，可能一次失敗就會前功盡棄。投資與投機，其實就是一種暫時和長期、衝動和理性的區別，我們當然是主張長遠的、理性的

投入方式。

對於投資者而言，投資和投機的項目必須嚴格區分。在決定買賣一個產品的時候，要先搞清楚是投資還是投機。很多投資者之所以失敗，就在於不知道自己的這次買賣到底是在投資還是在投機，原本打算在很短時間內就賣出離場，但看到暫時的好形勢，價位持續上升，就忘記了這個項目並不適宜長期持有，隨時會有暴跌的可能性。很多炒股的股民就是如此，將原本短線持有的股票化為中長線，突然一下子暴跌，被弄得措手不及。

如果認清了投資的真諦，就不會虧得如此血本無歸。一般來說，投資都有個底限，就算虧損，也不會全部虧掉，而投機卻可能將所投入的財產全部虧掉，甚至要賠錢。當然，如果方法得當，也還是可以將投資與投機優勢互補的，只是這種方法條件比較苛刻。你需要具備敏銳的觸覺，能夠在第一時間發現商機；你的動作要足夠迅速，發現了機會要趕緊開始，讓別人搶得先機就晚了；你不能夠貪心，貪心的人必定不能及時撤退，最終還是為別人做了「嫁衣」。所以說，小資族如果不具備這些條件，還是要投資不要投機來得保險。

★ 理財小叮嚀：業界的另一種聲音

目前，有一種與我們觀點截然不同的聲音。在他們看來，不管「黑貓」、「白貓」，能抓到老鼠就是好貓。投資和投機無所謂對錯，只要能賺錢就行。而且，投機者的適度參與可使市場走出無法成交的陰影，從而發揮市場機制。投機者與投資者相結合，還能在市場經濟的前提下使得投資進、投機出。對於這一觀點，希望小資族投資者謹慎而行之。

三分法構建理財金三角

隨著經濟的快速發展，人民所得越來越高，理財的觀念也隨著社會的發展而逐漸改變。不知從何時起，CPI、利率、收益、通貨膨脹逐漸成為人們關注的問題，股票、基金也慢慢成為大街小巷的討論話題。在這個過程中，人民開始明白，「讓錢生錢」才是致富的道理。但是，理財不能盲目，不能因小錢失大錢，這就需要我們去努力尋找一種穩固的財富關係。

知名大學碩士畢業後的曹先生，先進入了一家知名企業任職；二十八歲那年，開始了自己的創業生涯，三十歲時就累積起了上百萬的身家。曹太太和曹先生一路走來，創業的路上雖然辛苦卻也頗感溫馨。最初，曹太太在先生自己的公司負責財務性的工作，隨著公司的壯大，曹太太覺得家族作坊式的操作已經不太適應公司的發展。於是，便主動請辭了在老公公司的工作，賦閒在家。

過了一段輕鬆悠閒的日子，打拚慣了的曹太太有點坐不住了。多年的財務工作讓曹太太萌生了投資的想法。她覺得，家庭理財也是他們這個小家庭財政收入的重要環節。於是，夫妻倆經過商量，開始向比較有經驗的朋友打聽，到底投資什麼會

更適合他們。這時，一位從國外回來的朋友帶給他們一些新鮮的概念：「你們為什麼不投資點基金呢？」於是，他推薦了摩根的優勢基金。說起推薦的理由，也有一個特別的故事，這個朋友說：「由於我是拿的美國護照，本想在這裡買基金應該也很容易。誰知我去基金公司諮詢時，摩根的工作人員堅決不給我開戶購買。說我現在是非本國公民了，按照法律規定不能投資他們的基金。雖然被拒絕了，但我卻更認同他們。我相信能嚴格做到這一點的公司，將來一定是一家有實力的好公司，對產品的要求肯定值得信賴。」

在這位朋友的推薦下，曹先生夫婦倆便抱著試一試的心態，買了 50 萬的優勢基金。認購之初，曹先生夫婦倆著實還是懸著一顆心。對於實業，他們很在行；面對股票市場，兩人完全是門外漢。為了更好的了解基金投資，他們嘗試著看基金招募說明書、看市場新聞、時時關注優勢基金的淨值變化。哪料到，優勢基金在封閉期剛過，淨值一下子跌到了 1 元以下。為此，曹太太整晚都睡不好覺，甚至和先生商量：要不然還是把錢都拿回來吧。

曹先生諮詢了一些朋友和專業人士，他們都建議暫時不要輕舉妄動。於是，曹先生克服了投資恐懼的心理，勸說曹太太再觀望一段時間再說。果然，一個月後，基金帳面上的錢又漲回了不少。曹太太繃緊的神經才得以放鬆。而如今優勢基金已經躋身 5 元基金之列了。

漸漸的，曹先生把基金理財的事都交給了太太。而曹太太也從一個完全不懂資本市場的人成長為一名基金理財的半專業人士。後來在曹先生的鼓勵下，曹太太逐漸放開了投資，將家庭剩餘的資金分配到了不同類型的股票基金中去。用她的話說就是：「這個市場是東家不漲西家漲，我多買些不同類型的股票基金，反正把它們一網打盡。」

當我們問曹先生「為什麼不讓太太去投資股票」時，他笑著說：「她也做過，但是賺得少，虧得多，今年年初我們算了一筆帳，她這兩年投股票的回報只有 3.5%，而陸續買的基金產品，平均下來也有 120% 的收益了。」

基金經理的專業投資本領，既為曹太太獲得了有效的投資回報，同時也使得曹先生能專注於自己公司的發展。在曹先生眼中，他們家的賺錢模式已經「挺黃金組合的了！」

而此時，曹太太又將目光投向了更加壯麗的海外市場，希望能「布局一個海外版的優勢」。曹先生對此也十分贊成，「這兩年市場好。我看其他地方市場也不錯，我先找機會布個棋。反正我的主業都很有保障了，我老婆為家庭做的這個副業理財，我更不擔心了。術業有專攻，我做實業，老婆做理財規劃，基金公司幫我做投資操作，這種組合，在我們家叫金三角！」

幾何圖形中的三角形是最穩定的結構，三條邊彼此聯繫，相互支撐，形狀固定而不發生移位和偏離，準確幹練而且富有衝擊力。要想把財理得穩定，同樣也需要「金三角」。

銀行存款是「理財金三角」中的第一角。在我們還不懂得理財為何物的時候，通常把基本生活支出外剩餘的錢放在銀行，目的是為了抵禦未來可能發生的風險或意想不到的事情，而且還可以賺得銀行利息。現在，我們將銀行存款作為一種理財方式，主要用於應急之需和流動資金。投資有賺就有賠，當你需要流動資金時，如果投資賺錢了還好，如果正賠錢也必須把錢取出來，其中損失的利息不是小數。保險作為一項長期投資，收益需要十年、二十年以後才能看到，如果提前退保，損失也是比較慘重的。因此，銀行儲蓄是應急的最好選擇，可以把節餘的 30% 存入銀行以備應急之需。

投資收益是「理財金三角」中的第二角。隨著經濟的逐步復甦，股市和基金行情一路看好，很多人透過其中的投資獲得了不菲的收益，於是很多人開始把以前放在銀行裡的錢拿出一部分來進入投資市場。雖然說投資都有風險，收益越大，風險也就越大，但是隨著現在銀行利率的多次下調，物價水準的持續上漲，放在銀行的錢已經開始慢慢貶值，與其讓錢放在銀行裡貶值，不如放手一搏。因此，可以將節餘的 50 ～ 60% 存入投資與證券市場，讓錢賺錢。

「理財金三角」中的第三角是保險。在現代社會嚴重的環境汙染和巨大的工作壓力之下，人們的健康受到了很大威脅，很多重大疾病的發生率越來越高而且也越來越年輕化，我們老的時候不僅僅要為隨時可能發生的健康問題做準備，而且也要為自己準備好充足的養老金，如何應對意想不到的風險？保險是最好的選擇。保險有抵禦風險的和對家人負責的作用，當我們受到大病，意外等風險侵襲的時候，如果沒有保險，我們只能用銀行和投資這兩個角來填補，這樣肯定會打亂原來的財務安排和生生計畫，很難保證原有的生活品質。因此，為了更好的抵禦風險，把節餘的 10% ～ 20% 放在保險上，既不會影響家庭的正常生活，又能解決你後顧之憂，兩全其美，何樂而不為呢？

理財金三角既然穩定您的錢，也可以穩定您的心情，更可以穩定您的生活。

★ 理財小叮嚀：不要把雞蛋放在同一個籃子裡

一個有商業頭腦的人是不會將雞蛋放在同一個籃子裡的，他會將它的雞蛋放在好幾個籃子裡。這樣，才能使他的雞蛋面臨更小的風險而更安全的留存下來，至少不會所有的雞蛋都不剩，投資理財是同樣的道理。

小資家庭投資理財的法則

隨著經濟的快速發展以及財經政策的逐步完善，家庭投資理財越來越受到人們的重視，很多家庭希望透過各種投資來達到財產保值、增值的目的。但是並不是所有的投資方式都適合於小資家庭。現將幾種常見的投資方式的利弊列舉出來，以供小資家庭自由選擇。

銀行儲蓄

銀行儲蓄方便、靈活、安全，被認為是最穩健的、「只賺不賠」的投資工具。因為根據經濟發展狀況，合理調整儲蓄存款利率，通貨膨脹引起存款貶值的風險在當前良好的經濟運行環境中機率幾乎為零。此外，近些年隨著儲蓄品種的增多、智慧型手機、行動支付、電腦和信用卡的廣泛運用，儲蓄可謂是既安全可靠又方便快捷的大眾化投資方式。

儲蓄投資的最大弱勢是收益較之其他投資管道偏低，但對於側重於安穩的小資家庭來說，保值目的可以基本實現。

購買股票

購買股票，也就是炒股，是高收益高風險的投資方式。當國家經濟狀況良好時，股市作為經濟的「晴雨表」將是最大的收益者。小資族只要把投資觀念從看重投機走出來，透過股票盈利並不難，做好長線投資的準備，即使短期在帳面上虧損，只要堅信股市長期向好，輸的也只是並不會耽誤工作的時間。

高收益必然對應著高風險。股市風險的不可預測性一直存在。股票投資對個人的心態和邏輯思維判斷能力要求較高，小資族入市需謹慎。

購買債券

購買債券，相對股票而言，其投資風險小、信譽高，利息也較高，收益穩定。尤其是國債，有國家信用作擔保，市場風險較小，但數量少。企業債券和可轉換債券的安全性值得認真推敲。

但是，投資債券需要的資金較多，投資期限較長，因而抗通貨膨脹的能力較弱。

外匯投資

這種理財方式可以作為一種儲蓄的輔助投資，選擇國際上較為堅挺的幣種兌換後存入銀行，也許可以獲得較多的機會。

不過，外匯投資的要求很高，且要求投資者能夠洞悉國際金融形勢，懂得如何辨別外匯的真假。這些要求所耗費的時間和精力都超過了小資族可以承受的範圍，小資族選擇這種理財方式不太實際。

購買保險

隨著保險業務的創新，各大保險公司推出投資連接或分紅等類型壽險品種，使得保險兼具投資和保障雙重功能，保險投資風險極低，對家庭的作用日益重要。

但是，保險也要買得「保險」，現在市面上各式各樣的險種很多，小資族只有買到最適合自己的產品才有保值、增值的可能。

收藏字畫古董

名人真跡字畫或古董是家庭財富中最具潛力的增值品，但是對於普通的小資族來說，現在市面上所謂的贗品越來越多，

給字畫投資者帶來了一個不可確定因素，想要辨別它們的真偽、年代和珍稀程度並不是一件容易的事情，要求投資者具有較高的專業鑑定水準。因此，收藏字畫古董不適合一般的小資家庭投資。

集郵

在人們的收藏品種中，集郵普及率可以說最高。郵票的變現性好，使其比古董字畫更易於兌現獲利，因此，更具有保值增值的特點。

但近年來郵票發行量過大，降低了郵票的升值潛力。

投資珠寶

珠寶，包括寶石、玉石、珍珠、黃金等製品，珠寶具有易於保存、體積小、價值高的特點，可被人們製成項鍊、手鍊、戒指、耳環，佩帶於身上作為裝飾品。投資珠寶，有一舉兩得的功效。隨著人們生活水準的提高，珠寶的保值作用增強，國際上亦重視以黃金為保值及作為對付通貨膨脹的有力武器之一。

但由於珠寶初始投資主要是製成品，其增值潛力有待投資品種的驗證。小資族可以將珠寶視為保值的奢侈消費品，但作為投資管道不可取。

購買彩券

購買彩券或刮刮樂，其實不能算是致富的途徑，但也有人因此暴富，所以也可以算做是一種投資方式，不過彩券沒有任何規律可尋，成功的機率極低。若從做公益的角度來說值得提倡，但如果把彩券作為投資方式並不可取。

以上基本囊括了不同投資理財方式的特點和利弊，小資族朋友們不妨根據自己的特點和愛好，選擇適合的理財方式。當然，最好是聽取理財顧問和家人的意見。因為最和諧的理財計畫往往是全家人都參與的計畫。

★ 理財小叮嚀：不要輕信他人推薦的字畫

可以說，一些有名的真跡字畫是極具潛力的增值品。但將字畫作為投資不是那麼容易的。現在字畫贗品越來越多，仿造的越來越真，幾家大拍賣行都不敢保證字畫的真實性。如果盲目聽從他人介紹而購買了字畫，往往會帶來「竹籃打水一場空」的後果。

你想做一個什麼樣的投資者

俗話說，鞋子舒不舒服只有穿了才知道，投資理財同樣如此，最適合的就是最好的。因此，在做投資計畫之前，首先要做的一件事就是 —— 了解你自己。這裡有一個小測試，能幫助你確定自己屬於哪種類型的投資者 —— 是積極型？還是穩健型？或是保守型投資者？

1. 你的備用金大約相當於多少？

A.1 個月的薪資

B.2～6 個月的薪資

C.7 個月到 1 年的薪資

D.1～2 年的薪資

E.2 年以上的薪資

2. 生活中有多少人需要靠你的收入生活？

A.4 人以上

B.3 人

C.2 人

D.1 人

E. 自己一個人

3. 離開你退休的時間還有多久？

A.2 年或現已退休

B.3～5 年

C.6～10 年

D.11～15 年

E.16 年以上

4. 你預計在多長時間內會動用目前 1/3 以上的資產（用於購買住房、交子女學費或其他大筆開支）？

A.2 年內

B.3～5 年內

C.6～10 年內

D.11 ～ 15 年內

E.16 年以後

5、你認為今後幾年裡收入會增加。

A. 很不同意

B. 不同意

C. 不知道

D. 同意

E. 很同意

6. 你從不投資股市，因為風險太大。

A. 很同意

B. 同意

C. 無所謂同意或不同意

D. 不同意

E. 很不同意

7. 如果有一項投資，預期長期收益率較高，則你能夠接受它在短期幾年內的虧損。

A. 很不同意

B. 不同意

C. 無所謂同意或不同意

D. 同意

E. 很同意

8. 在選擇投資時，你會怎麼做？

A. 只選擇低風險的投資以保住本錢為主

B. 主要選擇收益有保障的、價格穩定的低風險的證券，並結合一小部分高風險、高收益的投資

C. 選擇一種較平衡的投資，既有一部分屬高風險、高收益，又有一部分屬低風險、低收益的投資

D. 主要選擇高風險、高收益的投資，結合一小部分低風險的投資

E. 只選擇高風險、高收益的投資

9. 你的投資由於市場下跌，一個月後損失了一部分價值，你會怎麼做？

A. 趕緊全部賣掉，以免損失更大

B. 賣掉一部分

C. 按兵不動

D. 原來買的時候價格就不錯，現在價格更便宜了再多買一些

E. 借錢再買一些

10. 你喜歡選擇一些正在研製並可能有突破性的新產品（IT、生物科技、機器人等）的企業投資。

A. 很不同意

B. 不同意

C. 無所謂同意或不同意

D. 同意

E. 很同意

解析：選擇 A 為 1 分，B 為 2 分，C 為 3 分，D 為 4 分，E 為 5 分，將所有分數相加，可顯示你的風險承受力。

總分小於 25 分：保守型投資者

風險承受力較低，投資期較短。宜投資收入為主的共同基金，信用評級高的債券及其共同基金、國庫券和貨幣市場基金。近期需要用的錢，宜全部投資中、短期國債和貨幣市場基金。

總分在 26 ～ 35 之間：穩健型投資者

風險承受力一般，長期投資時宜求穩健收益。應主要投資在績優股、兼顧成長和收入的共同基金和信用評級高的企業債券及共同基金。

總分在 36 ～ 45 之間：進取型投資者

風險承受力較高，投資期較長。可將高風險投資和低風險投資結合一起作長期投資。在投資組合裡，除快速成長股，外國企業股票外，可以加入成長股和低級債券以及他們的共同基金。

透過以上這個測試，你是保守型投資者呢，還是穩健型投資者，亦或是積極性投資者？無論你是哪種投資者，這都是客觀事實，但是也許你並不想成為這種類型的投資者。那麼，你

想做一個什麼樣的投資者呢？你能做一個什麼樣的投資者呢？國外曾有調查機構做過有關投資者類型的研究，通常來說，比較常見的投資者類型主要有發展型投資者、價值型投資者、活力型投資者、GARP 投資者、市場及行業專門投資者、主題投資者和收入投資者等七種，詳見下表。

比較常見的投資者類型

投資者類型	投資風格
發展型投資者	投資那些他們認為有快速發展潛力的公司，在選擇這些公司時，他們看重的是其收入狀況，並要求年
價值型投資者	他們主要找那些股票價格比公司資產價值低，或者交易額在同行業平均值以下的公司。他們重視總平衡，認為只要公司財務狀況良好，低價購入一定會使他們在日後獲利。
活力型投資者	他們在股票市場上的進出比一般人更迅速，他們重視推動商業發展和加強市場活動的因素。他們會利用價值和發展相結合的方法來決定買入和拋出點，但很少冒長期風險。
GARP 投資者	是既追求價值也追求發展的一種投資個體。他們與價值型投資者一樣，追求的對象是低價股票，而不願意把眼光放在長期發展上。他們希望把握低價股票公司的價值和長期發展的機會。當 GARP 投資者認為公司達到合理的市場價值或達到同行水準時，他們就會拋出。
市場及行業專門投資者	專門投資實用行業或市場，如工業、醫療、保健等。或者根據地理位置或國際市場來投資，如選擇在美國中心地帶的公司、發展中國家市場的公司。

主題投資者	他們的目標是那些利用行業或金融界的發展變化而獲取利潤的公司。例如當利率上調時投資銀行、當金價上漲時投資貴重金屬。
收入投資者	他們看重的是紅利。往往對有多少紅利、在這個水準上持續了多久、隔多久會升一次以及公司什麼時候能夠支付等問題感興趣。

做一個投資者切忌不能盲目，你應根據自己的實際情況，確認自己想做哪一類的投資者，能做一個什麼樣的投資者，這樣才可以在投資的道路上有的放矢、一帆風順。

★ 理財小叮嚀：理財方式忌單一

無論你屬於哪種類型的投資者，在選擇理財方式時切忌產品類型的單一。如果把資金全部集中在某一類理財產品，既不能有效防範投資風險，也難以獲得理想的投資收益。因此，理財專家建議投資者，不妨進行多樣化的投資組合，不要把資金全部投資到股票或風險過高的理財產品上，而是盡量搭配一些穩健的理財品種。

自己的事情自己定，跟隨多數並不安全

管理學上有一種常見現象叫做「從眾效應（或稱羊群效應）」，說的是一個羊群（群體）是一個很散亂的組織，平時大家在一起盲目左衝右撞。如果一頭羊發現了一片肥沃的綠草地，並在那裡吃到了新鮮的青草，後來的羊群就會一哄而上，爭搶那裡的青草，全然不顧旁邊虎視眈眈的狼，或者看不到其

他還有更好的青草。

把「從眾效應」說得通俗點，就是「跟隨多數」，自己沒有主見，盲目跟著眾人行事，而不管這件事情是否正確。「跟隨多數」的現象展現出了人們害怕承擔風險的心理，認為跟隨大多數人的意見，是明哲保身的訣竅，「棒打出頭鳥」就是這個道理。但是，跟隨多數也得分時、分地、分人，不能什麼事情都是一種模式。投資理財這件事就不能「跟隨多數」，因為，投資的失敗與否直接關係到自己荷包裡的錢的問題，與自己的利益息息相關，「跟隨多數」不再是萬無一失的防彈衣，自己的事情只能自己定。

就以 2000 年的股市來說吧，當時該投資市場異常火熱，創出股票史上難見的大牛市。而且，不僅股價一飛衝天，連原來默默無聞的基金也屢創紀錄，不少人在這個過程中賺得砵盆滿盈。這種現象讓很多沒有入市的民眾眼紅心動，比起銀行給的那點微不足道的利息，股市簡直成了創造神話的福地，看著血汗錢在通膨面前一點點貶值，還不如抓住這個好時候趕緊入市。於是那幾天，股票基金的新開戶人數都創出歷史新高，每天有幾百億的儲蓄轉化為股票基金。這些「跟隨多數」的散戶的紛紛入市，給機構投資者帶來了套利的好機會，同一年間，股市大跌，多少人至今仍然無法恢復元氣。

這個活生生的案例充分說明了「跟隨多數」的不安全性，在投資市場如此盲目跟風，是極其危險的行為。要想在投資的過程中始終保持清醒的頭腦，避免出現「跟隨多數」的可能，就要弄清楚自己為何要投資。如果投資的目的是為了把財富保持在某一個令自己維持高品質生活的水準，那就不用理會其他人在做什麼；如果投資的方法已經過時間的考驗，就不必介意外界是否贊成你的觀點。很多人之所以投資失敗就是因為沒有用腦子理財，而靠的是耳朵理財。在這個投資管道多、選擇難度大的年代，投資者更應當避免盲從，公眾共識這個庇護所只能提供短期的安慰，而個人一旦投資失誤，給家人帶去的經濟損失和精神負擔是不可想像的。

★ 理財小叮嚀：家庭理財要科學安排

人在年輕的時候樹立正確的理財觀對於以後一生的發展都是有百利而無一害的，觀念正確，可以讓你今後的生活增色生輝，觀點偏差，將直接影響今後的生活品質。

想穩穩定定，試試購買債券

要想嘗試購買債券，首先得了解債券。

債券是指政府、金融機構、企業為募集資金所發行的一年期以上可轉讓債務的憑證。由於債券的利息通常是事先確定的，所以，債券又被稱為固定利息證券。債券的本質是債的證明書，具有法律效力。債券有以下幾個要素，如下表所示。

債券的要素

要素	具體說明
發行機構	國家、金融機構、企業等
期限	自債券上的發行日期為起，債券上寫明的本金償還日期為終
價格	包括發行價格和轉讓價格。發行價格是指發行時購買的價格，可以和面值不同；轉讓價格是二級市場的買賣價格，由面值、收益和供求關係等因素共同影響，處於不斷變化之中。
票面利率	票面上標注，票面利率 × 面值 = 年利息
付息方式	有到期一次性支付、按年支付、半年支付、按季支付等幾種形式
投資收益率	收益率 =（債券價差 + 利息收入）÷ 購買價格 ×100% 注：如果投資收益不等於投資利息收入，利息率就不等於收益率

眾所皆知，資本市場中有兩個主要的投資工具：一個是股票，另一個則是債券。相比股票的上下波動，債券最大的好處就是它的安全性了。債券在發行之初都承諾到期償還本息，通常有固定的利率，與企業績效沒有直接聯繫，收益比較穩定。因此，它具有不跌破發行價的能力。有的債券雖然流動性不高，但它的安全性很高，因為它們經過較長一段時間後就可以收取現金或不受損失的出售。而且，就算是企業破產，債券持有者也可享有優先於股票持有者對企業剩餘資產的索取權。所以對於投資理財者來說，要想穩穩定定，可以試試購買債券、投資債券。

當然，這並不是說投資債券一點風險也沒有，債券也有可能遭受不履行債務的風險及市場風險。不履行債務的風險主要指發行人不能充分和按時支付利息或償付本金，這種風險決定於發行者的資信程度。一般來說，政府的資信程度比金融公司和企業要高一些。那麼，債券的風險有多大呢？以下介紹幾種常見的債券風險以及規避方法。

利率風險

債券的價格也像股票一樣，會發生波動，而影響債券價格波動的一個重要因素就是利率的變化。利率的升降與價格的高低成反比，也就是說，當利率上升的時候，債券的價格會下跌；當利率下降的時候，債券的價格會上漲。

規避方法：分散債券的期限，使其長短期配合。如果利率上升，短期投資可以迅速的找到高收益投資機會，若利率下降，長期債券卻能保持高收益。

購買力風險

購買力風險是債券投資中最常出現的一種風險，是指由於通貨膨脹而使貨幣購買力下降的風險。通貨膨脹期間，投資者實際利率應該是票面利率扣除通貨膨脹率。

規避方法：分散投資。通常採用的方法是將一部分資金投資於收益較高的投資品種上，如股票、期貨等，這樣，這些收益較高的投資就可彌補另外那些由於購買力下降而帶來的收益

損失。但是這樣做帶來的風險也隨之增加。

變現能力風險

指投資者在短期內無法以合理的價格賣掉債券，例如當投資者遇到一個很好的投資機會，它想出售現有的債券，但在短時間內很難找到出合理價格的買主，不得不把價格降得很低或者花費更長的時間。在這個過程中，他不是遭受價格降低的損失，就是喪失新的投資機會，這就是變現能力風險。

規避方法：盡量不要選擇冷門債券，而選擇發行資信情況較好的進行投資，比如國債等，像國債這樣交易比較活躍的債券，更容易得到其他人的認同。

經營風險

指發行債券的公司管理與決策人員在其經營管理過程中發生失誤，從而導致資產減少、債券投資者遭受損失的現象。

規避方法：為了防止出現經營風險，在選擇債券時一定要對公司進行調查，對其報表進行分析，充分了解它的盈利能力和償債能力、信譽等。此外，由於收益與風險是成正比的，因此，在選擇債券時要在收益和風險之間做出權衡。

違約風險

由於發行債券的機構不能按時支付債券利息或償還本金，而給債券投資者帶來的損失。

規避方法：一般來說，違約風險多是由於公司經營狀況不佳或信譽不高帶來的，因此，在選擇債券時，一定要充分了解公司的經營狀況以及以往債券的支付情況，盡量不要選擇信譽不好或投資經營狀況不佳的公司債券。此外，在持有債券期間，同樣要積極去了解公司的經營狀況，以便及時做出抉擇。對於老年人而言，還是選擇國債更為可靠。

再投資風險

屬於利率風險的一種，當您選擇短期債券，而沒有選擇長期債券，就會出現再投資風險。例如：長期債券利率為 15%，短期債券利率 13%，為了降低利率風險而購買短期債券。但等到短期債券到期收回現金時，如果利率降低到 10%，就很難找到高於 10% 的投資機會，還不如投資於長期債券，仍可以獲得 15% 的收益。

規避方法：與規避利率風險的方法相同，也就是分散債券的期限，長短期配合。如果利率上升，短期投資可迅速找到高收益投資機會，若利率下降，長期債券卻能保持高收益。分散投資可以使一些風險相互抵消。

從以上內容可以看出，儘管說債券的風險很小，但並不意味著投資債券就沒有風險。因此，在投資債券之前一定要考慮清楚。此外，還要準備一定的現金以備不時之需，畢竟債券的中途轉讓不會給持有債券人帶來好處。

★ 理財小叮嚀：購買債券的最佳時機是預見經濟可能蕭條的時期

當經濟處於蕭條時期，股價會下跌，銀行的利率也會下降，而債券的價格會上漲，在這種情況下，投資債券可以減小你的投資風險。但是，利率是總體經濟的重要指標，個人投資者很難預測。有關這一問題可以諮詢一下債券基金經理，他們對總體經濟研究的非常透徹，對國家總體經濟政策的把握非常敏銳，相信他們的建議對你會有所幫助。

實物投資，經營自己的事業

所謂實物投資，是指居民將儲蓄直接購買生產要素進行直接生產或者投資於看得見摸得到的實物和實業，比如開工廠開店，比如投資房產、投資錢幣等。實物投資與證券投資都屬於投資行為，但後者是透過購買股票、債券等有價證券，以期獲取未來收益的金融投資行為；前者則不同，前者不透過外在來獲利，而是透過自己的生產勞動本身來獲利。因此，我們可以把投資實物當成經營自己的事業。

誰都希望能過上更好的生活，但是現實總是殘酷的，始終為別人打工的日子讓小資族看不到未來。於是，很多人抱著對物質享受的追求和強烈的賺錢願望，紛紛開始自己創業。可是，在變幻莫測的商場中，一個資金不是很雄厚的小資族想要占有一席之地，並不是那麼容易的。我們知道，很多人都希望並且已經在考慮自己創業，最好是能找到投資少、成效快、賺錢多的專案。那麼如何在競爭激烈的市場經濟中做好生意呢？

正確評價自己的實力

這是在創業之初必須首先要明確的。也許你以前看過、讀過、學習過很多創業方面的資訊，但是這並不代表你就可以成功創業了。自主創業不僅要考察你的經濟能力，更要考察的是你的經商實力。創業之前的自我評估要對自己有一個正確的評價，在創業的道路上既不要看輕自己，也不要抬高自己。一句話，就是要對自己正確定位！

現實生活中有很多人專業知識很強，智商也不低，但是在創業的道路上卻是屢戰屢敗，究其原因，最根本就在於他們對自己的實力沒有正確評估，定位錯誤。當你發現了這一點，馬上糾正還不算晚。你應該做的就是，苦練基本功，逐漸累積經驗。經驗這個東西生搬硬套別人的是沒有用的，要想成功，就要想盡辦法多參加各種商業實踐活動，透過真實的歷練來形成一套適合自己專用的思維模式。當你擁有了自己獨特的思維定式，你會發現，創業也沒有之前想像的那麼難。

選對經營項目

經營項目的選擇是小資族能否成功創業的關鍵因素。小本經營者由於資金的限制，更適合選擇那些具有低投入、較高回報、低風險等特點的項目。

以女性飾品的經營為例，社會女性對於美的追求可以說達到了空前高漲的形勢。飾品需求量的旺盛，加上消費群體的龐大，使得女性飾品這個行業極具開發價值。一般來說，中等收入的女性朋友們對於那些昂貴的高檔珠寶飾品不具備購買力，而她們又希望追求個性、獨特，這就為我們帶來了一個極富潛力的市場。如果經營者缺乏相關的專業知識，選擇加盟一個比較成熟的品牌，是一個很好的選擇。

經營的貨物是關鍵

等到經營項目確定了，店址選好了，你就該開始選擇貨源了。你應盡快分析市場狀況，與供應商進行洽談。選擇供應商是個很重要的環節。開始的時候可以向不同的進貨商進貨，但是為了長久的發展，應盡量同一個或者幾個你認為適合的供應商保持長期的業務往來。在進貨的時候，注意產品的品質、式樣和數量。進貨後，可以透過發傳單、打廣告等方式加大產品的宣傳力度。銷售時，要有所側重，主打某一類或某幾類產品，凸顯店裡的特色。特別要注意的是，產品寧可賣斷貨，也絕不要庫存。

創業之路沒有捷徑可走

這與「天下沒有白吃的午餐」是一個道理，要想創業成功，就一定要懂得務實和努力。創業的過程是一個學習的過程，開始的時候能賺錢固然好，但是賺不到錢也不用著急，等你對這個行業有了足夠的經驗，那麼你就有了下一步發展的基礎。

總而言之，對於那些懷著創業夢想的小本經營者而言，只要你找到了適合自己的創業方式，努力去做，就一定會取得最終的成功！

★ 理財小叮嚀：加盟要求越高成功機會越大

據調查，加盟要求較高的連鎖企業發展前途較好，這是因為加盟條件越苛刻的品牌往往有更為完整的加盟制度以及強大的財力與實力，更有能力保證加盟者獲利。而一些新興加盟體系，本身在市場上發展的時間就不夠長，還沒有經過市場的經驗，顧客的消費習慣尚未養成，容易造成暫時生意興隆的假象。當選擇弱勢連鎖品牌時，雖然你可以少繳加盟金，但相對之下，所能享有的總部資源和幫助也較少；許多事情都要靠加盟店自己打理，競爭力自然也就較弱。

投資的各種風險應對

投資與風險是成正比的，要想有利可圖，就一定要承擔風險，而且風險越大，投資價值越高。小資族要想打贏投資這場「硬仗」，必須先做好應對各種風險的準備。

目前市場上的理財類產品，按照風險高低可分為：

低風險程度的理財產品

主要包括銀行儲蓄和國債，由於有銀行信用和國家信用作

保證，具有最低的風險水準，但是它們的收益率也較低。投資者保持一定比例的銀行存款可以保持資金適度的流動性，滿足日常生活所需，還能等待時機購買高收益的理財產品。

較低風險的理財產品

主要指各種貨幣市場基金或偏債型基金，這類產品投資於同行拆借市場和債券市場，這兩個市場本身就具有低風險和低收益率的特徵。

中等風險的理財產品

主要包括信託類理財產品和偏股型基金。信託類理財產品是指由銀行發行的幣值理財產品所募集的全部資金，投資於指定信託公司作為受託人的專項信託計畫。信託公司為其提供專家理財、獨立管理，投資者自擔風險的理財產品。投資這類產品要注意分析募集資金的投向、還款來源是否可靠、擔保措施是否充分、信託公司自身的信譽等問題。

偏股型基金是以投資股票為主的基金，收益很大，一般年收益可達 20% 左右，但風險也很大，也許一年下來本金也有可能遭受損失。

高風險的理財產品

主要指股票、期權、黃金、藝術品等投資項目。由於市場本身的風險特徵，這些投資專案需要投資者具備專業的理論知識、豐富的投資經驗和敏銳的判斷分析能力，這樣才有可能在這類市場上取得成功。

由此可見，收益越高的產品所需承擔的風險就越大。那麼，這是不是就代表我們應該去投資一些低風險的理財產品，而不要去嘗試那些高風險的理財產品呢？其實不然，風險總是存在的，關鍵在於如何去規避，如果因噎廢食，這樣的投資者只能注定一生平庸。

在投資的過程中，我們有可能面臨的風險主要分為市場風險和非市場風險兩種。其中，市場風險指因股市價格、利率、匯率等的變動而導致價值未預料到的潛在損失的風險，包括權益風險、匯率風險、利率風險以及商品風險。對於投資者來說，這類風險與總體經濟形勢的好壞、財政政策的實施、貨幣政策的調整、以及政局的變化、匯率的波動、資金供求關係的變動等因素息息相關，是無法消除的。

而非市場風險是指與整個市場波動無關的風險，它是某一企業或某一個行業特有的那部分風險。例如：管理能力、勞工問題、消費者偏好變化等對於證券收益的影響。這類風險與整個市場的波動無關，投資者可以透過分散投資的方法來抵消這種風險。

面對這些風險，我們應該怎樣才能規避和應對呢？簡單的說，就是需要投資者理性投資。要做到理性投資，我們首先要從投資者自身出發，評估其風險承受水準。

首先是評估投資者的風險承受能力。具體可以從投資者的

年齡、就業狀況、收入水準、家庭負擔、置產狀況等方面估算。通常來說，退休家庭、老年層次的家庭和中低收入人群的風險承受能力較差，適宜做一些低風險產品分配；而單身白領和中高收入家庭風險承受能力較強，可以嘗試投資高風險理財產品。

其次是評估投資者的風險承受態度。投資者可以依據自身的風險偏好，對可接受的本金損失程度以及理財產品的整體市場走勢做出一個預測，以次來選擇理財產品。投資者應具備良好的心態，無論市場發生什麼變化，都要理性分析。

另外，長期投資是永遠的法則。風險補償一般要在相對長的時間才會在市場展現出來。在國外，股票如果投資 10 年，虧錢機率為 2%，也就是有 98%的機會賺錢；如果投資 15 年，虧錢的機率幾乎為零。近年來的情況也是如此，如果持有股票的時間只有一年，投資收益率虧損的比例為 46%；如果持有 3 年，虧損的機率不到 11%；如果堅持持有 5 年，投資收益率為負的機率就很低了。由此可見，理財是長期的行為，以長期投資的心態對待理財產品，往往能獲得意想不到的收益。

最後，就是我們一直在強調的，不要把雞蛋放在一個籃子裡，投資多項產品既可規避風險，又能將風險降低和分散開去，不至於在風險來時，死在一棵樹上。

★ 理財小叮嚀：家庭資產方式的優化組合

將總收入的 40% 用於供房，30% 用於日常生活開支，20%

用於流動性較強的金融資產（如活期、定期儲蓄、貨幣型基金等），10% 用於購買各類保險及風險較高的理財品種。這樣的組合方式有利於保持較高的收益率，又可防範理財風險。

堅持長期投資高成長股

所謂高成長性股票，是指這樣一些公司所發行的股票，即它們的銷售額和利潤額持續成長，而且其速度快於整個國家和本行業的成長。這些公司通常有宏圖偉略，注重科研，留有大利潤作為再投資以促進其擴張。

股神巴菲特曾經說過：以一般的價格買入一家非同一般的公司，遠勝過用非同一般的好價格買入一家一般的公司。他主張，在股票投資中，一定不能錯過高成長股，而且最好堅持長期投資高成長股。以下兩組簡單的數字，能夠讓我們看到高成長股的魅力。

企業 A 每年保持 30% 的成長率，10 年之後，利潤是當初的 147 倍。假設我們用 30 倍的本益比買入，10 年後，再用 20 倍的本益比賣出，那麼可以獲得 921 倍的利潤，原始投資每年有接近 1 倍的獲利；企業 B 每年保持 5% 的成長率，10 年之後利潤是當初的 163 倍。假設我們當初用 10 倍的本益比買下來，10 年之後即使用很高的 20 倍本益比賣出，我們的獲利才只有 32 倍。

高成長股的魅力足以可見，現在，很多基金公司也把這種

「成長」理念運用到投資中，透過對企業的多方調研，挖掘出有潛力的高成長股。那麼，如何辨別個股有無成長性呢？

通常來說，在判別個股的成長性方面，主要有三個指標：一是 E 成長率，二是 PEG，三是銷售收入成長率。這三大指標是檢驗個股有無成長性的試金石，也是一般機構衡量個股成長性方面的三大核心指標。

E 成長率：一家公司每股收益的變化程度，通常以百分比顯示，一般常用的是預估 E 成長率，或過去幾年平均的 E 成長率。E 成長率越高，公司的未來獲利成長越樂觀，使用方法有：該公司的 E 成長率和整個市場的比較；和同一行業其他公司的比較；和公司本身歷史 E 成長率的比較；以 E 成長率和銷售收入成長率的比較，衡量公司未來的成長潛力。一般來說，E 成長率是伴隨著營業收入的成長而成長的，如果沒有營收而 E 成長率出現成長，則可能只是由於削減成本或一次性收益等無法持續的因素造成的。

PEG：預估本益比除以預估 E 成長率的比值，即成為合理成長價格，合理 PEG 應小於 1。由於用單一的 E 成長率作為投資決策的風險較高，將成長率和本益比一起考慮，消除只以本益比高低作為判斷標準的缺點，適用在具有高成長性的公司，如高科技股因未來成長性高，PE 絕對值也高，會使投資者望之卻步，若以 PEG 作為判斷指標，則高本益比、高成長率的個股也會成為投資標的。使用時，可將目標公司的 PEG 與整個市場、同一行業其他公司相比較，來衡量在某一時點投資的可能風險和報酬。

銷售收入成長率：一家公司某一段時間銷售收入的變化程度，一般常用的是預估銷售收入成長率，或過去幾年平均的銷售收入成長率。通常銷售收入成長率越高，代表公司產品銷售量增加、市場占有率擴大，未來成長也越樂觀。

透過以上三點，即可評估出一檔股票有無成長性。但是，估計有偏差的時候也不是沒有，如果輕度高估了，也沒關係，在輕度高估的成長股估值回歸合理的過程中，估值的降低就會以盈利成長為主，股價下跌的方式空間將極其有限。這個時候如果等待，也許會獲得百分之十幾的差價，但卻有可能要承擔失去幾倍、幾十倍獲利機會的風險；如果把握這個時機買入，最壞的結果是輸掉少許的差價，但卻能把巨額利潤掌握在自己手中。

★ 理財小叮嚀：買入高成長股不能盲目

雖然我們提倡堅持長期投資高成長股，但是也要有度，任何過度高估的股票都有很大的風險。只有對股票知識有深刻的了解，確認企業能長期成長，並且高本益比在未來一、兩年能很快降低到合理的水準，才值得冒短期風險在其輕度高估的情況下進行買入。

了解自己的「理財段位」

根據現代心理學的劃分，可以把人的性格分為四種：即活潑型、力量型、完美型以及和平型。不同的性格塑造不同的命運。

在進行理財投資時，我們首先想到的是其風險收益方面，自身的風險承受度。這也是理財專家經常告誡我們的：一定要根據自身的投資偏好和風險承受度，來選擇自身需求的理財產品。但投資偏好的形成，並非一日之功，而是一個長期習慣的培養和性格磨練的過程。風險偏好型投資者，讓其選擇低風險的理財產品，明顯不能激起其強烈的理財欲望，由於其懶於鑽研，反而難以成功。相反，風險厭惡型投資者，由於沒有良好的心態，及對風險的正確估計和認識，反而更容易受情緒影響而導致失敗，其實，這主要都是其性格因素所致。

應了解自己的理財性格，這是規劃個人錢財的第一步。每個人都有性格，性格在決定個人命運的同時也決定了財運。因而了解、分析好自己的理財性格就能找到適合自己的理財思路，從而迎來幸福的美好生活。

對於一個人來說，追求財富是無可厚非的，也是正常的，但是真正能夠駕馭財富的人又有多少呢，即使是當今世界首富——股神巴菲特也還有失算的時候呢。財富是需要學習的，因為它是一門學問。且不說動輒上億的資本運用，或者成百上千萬的項目運作，即使給你一萬元，能把它適宜妥貼的處理好就已經很不錯了。

生活中為什麼有些人辛勤奮鬥一輩子到頭來還是所剩無幾？而有些人年紀輕輕就財富滿滿？在眾多原因之中，理財觀念的差異應該是其中極為重要的原因。俗話說「心有多大，舞台就有多大」，人對財富的把握程度取決於你對自己的認同程度。有多大的能力就能獲得多大的財富。

在這裡要問一句：什麼是理財規劃？真正的理財規劃是透過對個人財富資源的有效管理和投入組合達到人生不同階段的目標。在這裡，我們將個人理財按照風險的大小分為三個大的層次、九個層級，模仿圍棋的段位稱呼，可將其簡稱為理財九段三個層次。

1. 個人理財的第一層次

個人理財的第一層次也可以稱為個人理財的初級層次。在這個第一層次裡，包括三個段位，理財一段即儲蓄。它是所有理財手段的基礎，也是一個人自立的基礎。它來源於計畫和節儉，是一個人自立能力、理財能力的最初展現。

其二段是投資保險。投資購買保險也是理財的一種方式。同時，購買保險也是一個人家庭責任感的展現，還是一個人社會性的展現。

三段是購買國債、貨幣市場基金等各類保本型理財產品。

這一層次的理財特點是將個人財富交給銀行、保險公司、證券公司等金融機構，所購買的金融產品為大眾化的無風險（低

風險)、低收益(固定收益)、高流動性產品。購買這些產品無需專業化知識，風險小但同時收益也低。

2. 個人理財的第二層次

個人理財的第二層次也可以稱為理財的中級層次。理財四段是投資股票、期貨。股票投資在前 10 年左右大體可以歸為高收益投資品種，最近四、五年基本上是高風險投資品種；期貨則永遠是收益與風險並存，不斷考驗投資者的經驗和運氣。

其五段是投資房地產。需要注意的是，這裡所說的投資房地產是指以投資為目的購買房地產，而不是購買房子自住。之所以將其列為較股票、期貨投資高一個段位級，原因在於其投資金額起點較高，流動性較低，參與難度相對較高。

六段是投資收藏品、藝術品等。這是一個介入人群更少的投資種類。它需要更加專業的知識和更為長期的累積，也需要更為雄厚的財力。其流動性更低，參與難度更高。

這個理財層次的投資品種都屬於雙高(高風險高收益)品種。投資這些品種需要較為專業的知識，同時也需要一些運氣，當然更需要一些實力。

3. 個人理財的第三層次

個人理財的第三層次也可以稱為理財的高級層次。理財七段是投資企業產權。這裡所說的投資企業產權特指為擁有企業控制權或參與企業管理而進行的企業產權投資，而不是指為了獲取差價而進行的企業權益票據——股票投資。這種投資之所以超越了一般的理財概念而位列理財七段，其意義在於要擁有自己的事業，不要一生都為他人打工，這樣人生才更有保障。

其八段是投資購買與打造品牌。購買品牌也必須獲得企業控制權或控股權，但它與一般投資企業產權的區別在於，其企業經營行為的目標指向企業所擁有的品牌，而不僅僅是短期利潤，因此更有可能獲得高於社會平均水準的超額收益。

九段是投資人才。這是最高層級的水準。真正的領導者是特別善於發現人才並運用人才的人。能夠成就大事業的人不僅能雇傭比自己更聰明的人，而且能夠信任並使用他們。因此，理財高手的最高境界不是投資在物體上，而是投資在人身上。

在這個層次，投資種類已不再是物品，而是物體與人的組合；所需要的知識也不僅僅是某個學科的專門知識，而是某個領域的專門知識和管理學、社會學的複合知識體系。在這個層面上，理財成敗的關鍵在於對社會性因素的把握，如行業趨勢、市場變化、人們心理因素等。正因為充分調動了社會資源，因此，這個層次的投資所能獲取的收益往往也極大。

★ 理財小叮嚀：購買貨幣基金要看四方面

在現在的降息週期下，貨幣基金以收益穩定、靈活性又接近活期儲蓄的獨特優勢受到投資者青睞。但是，貨幣基金不是銀行儲蓄，只是一種現金管理工具，投資者購買貨幣基金要看好四個方面。

第一看規模。在利率下降的環境下，如果貨幣基金的規模較小，隨著投資者的持續進入將攤薄投資收益，而規模較大的貨幣基金不至於有這樣的擔憂；而在利率上升的市場環境下，規模較小的貨幣基金則「船小好轉向」，收益率會大幅上漲。因此，投資者可選擇規模適中、操作能力強的貨幣基金。

第二看新舊。一支貨幣基金運作一段時間後，其業績的好壞已經經受過市場的考驗，而一支新發行的貨幣基金能否取得良好業績還需要時間來檢驗。新發行的貨幣基金還有一個封閉期，封閉期內是無法贖回的，因此欠缺靈活性。

第三看等級。貨幣基金主要分為 A 級貨幣基金和 B 級貨幣基金兩種，這兩種基金的主要區別在於投資門檻，其中 A 級貨幣基金的投資門檻為 4,000 元，B 級貨幣基金的投資門檻在百萬元以上。且在收益上，B 級貨幣基金的收益率一般要高於 A 級貨幣基金，但 B 類貨幣基金投資門檻太高，不適合普通投資者。

第四看長短。貨幣基金是一種短期的投資理財工具，比較適合打理活期資金、短期資金或一時難以確定用途的臨時資金。

投資理財的注意事項

忌理財方式單一

投資理財最忌諱的就是理財產品的單一，因為如果把資金全部集中在某一類理財產品，既不能有效防範投資風險，也難以獲得理想的投資收益。理財專家建議投資者，不妨進行多樣化的投資組合。將一些收益較高的理財產品與一些收益較為穩健的理財產品相搭配，往往能取得理財的最佳效果。

忌多選三五年定期

這一點主要是針對銀行儲蓄而言的。對於一些涉世未深、缺乏理財經驗的年輕人來說，定期存款和國債都是不錯的投資選擇，但是如果把存款期限定在 3 年至 5 年，則不夠理性。因為遇到央行加息時，定期存款利息會按存入日利息計算，投資者將損失部分利息收入。另外，存期太長使資金失去運用的靈活性，如提前領取，將會按活期存款利率計算利息，可謂是得不償失。理財專家指出，通常情況下，定期存款選擇 1 年期較好，不用擔心「定轉活」帶來收益損失。

忌跟風買基金

前幾年股市、基金大火的時候，經常會看到市場上每發行一檔新基金，很快就被搶購一空的現象。儘管理財專家不斷提醒新「股民」、「基民」謹慎入市，但不少投資新手甚至連基金的基本概念及如何操作都不懂，就盲目投資。理財專家提醒，投資者在購買基金或其他理財產品前，須事先了解產品的基本情況，學習相關知識，切忌盲目跟風。

忌專撿「1 元基金」

理財專家指出，「淨值 1 元」的基金，是基金公司吸引投資者的一種行銷手段，其實拆分後的基金還是那檔基金，所不同

的是公司淨值降低了。

忌把「預期收益」當真

按照監管部門的要求，除了銀行儲蓄，多數理財產品均應用「預期收益」來表示。但是很多時候「預期收益」與實際收益並不相符。理財專家提醒，投資者不要把「預期收益」等同實際收益，而宜選擇固定收益的理財產品。

★ 理財小叮嚀：何為「預期收益」？

未來的資產收益是不確定的，不確定的收益可以用多種可能的取值及其對應的機率來表示，這兩者的加權平均，即數學期望值，就是資產的預期收益，在投資理財中，預期收益的重要性，怎麼強調都不為過，它是進行投資決策的關鍵輸入變數，不對它做出估計，什麼買賣決策、投資組合一切都免談 . 它不僅對投資者重要，對於公司管理者來說，也同樣重要，因為公司股票的預期收益是影響公司資本成本的主要因素，關係到公司將來選擇什麼樣的投資項目。

第5章
理性消費，會省錢等於會賺錢

及時審視你的消費狀況

及時審視自己的消費狀況有助於更好的制定理財規劃，幫助自己更合理支配資金，得到有效保障。

【個案一】

- 姓名：安安
- 個人狀況：女，二十八歲，單身
- 工作公司：私人企業
- 理財觀：存錢就是理財
- 保險：公司繳納的「三險一金」
- 有無房車：無房無車
- 月薪：35,000 元
- 主要支出：房租、生活用度

約上安安已經晚上 10 點，「你幫我找個兼職的工作做吧，最近又快沒錢了。」

安安見到筆者就詢問打零工的機會，「看，月初發薪資，我去買了件大衣，錢就沒了，還欠銀行一筆錢。」當然，她的那件大衣價值兩萬多元。

安安大學畢業後就來到城市，先在外商工作，現在一家私人企業。

「理什麼財啊，我向來是『月光族』，每月薪資都不夠花。」

「買房子壓根沒想過。現在房價這麼高，如果貸款買房肯定

會嚴重影響到我的生活品質。」

安安月薪35,000多元，每月需要支付房租11,000元，基本生活費用11,000元，剩下的也不知道都花在了什麼地方。「我也希望看到我金融卡裡的數字增加，可是我始終存不下錢。」

安安坦言自己不懂得股票和基金，她的個人理財觀念就是單純的『存錢＝賺錢』，但是由於自己的消費沒有目的性，一直沒錢可理。加上現在工作壓力比較大，加班是常事，身體也大不如從前。而安安除了公司給繳納的「三險一金」外，沒有任何其他商業保險。需要到醫院看病的時候還是要自己掏腰包。安安也很想購買一些商業保險，但由於不知道買什麼保險合適，便作罷。

症狀：安安還沒有一個合理的理財觀念。

解決方案：先從記帳開始，慢慢的規劃自己的收入，可以選擇最基本的保險，比如：大病保險。

【個案二】

- 姓名：小彭
- 個人狀況：男，二十八歲，準備結婚
- 工作公司：公務員
- 理財觀：股票能賺錢
- 保險：公司繳的「三險一金」
- 有無房車：一間兩房，中古屋
- 月薪：34,000元

• 主要支出：房貸月供

說起理財，小彭歎息道：「我哪有錢理財啊？就那點錢都還房貸了。」

小彭在 2007 年 8 月購買了一套 20 坪的中古屋。很老式的設計，房間布局也不是很好。

「但有什麼辦法呢？同一地段的新房，哪買得起。」

小彭選擇出於上班便利的考慮，等到輕軌通車後，上班更方便了。

小彭其實也有賺錢的欲望，早在他上大學的時候就開始研究股市，2005 年拿著 25 萬元進入股市，隨即牛市啟動。最輝煌的時候也曾一度將 25 萬變成 50 萬，但是現在，也就是保本。

儘管如此，小彭還是堅信「有錢就應該進入股市，資金的流動性比較好。」

對於買保險，小彭一度對其嗤之以鼻，在他看來，那些賣保險的人在勸你買保險時熱情萬分，不厭其煩，等到需要理賠的時候，就百般推辭。「我自己也研究過那些保險條款，很多屬於隱形條款，甚至是霸王條款，普通消費者根本搞不懂，所以我乾脆就不買。」

但自從上一次因為普通感冒去醫院住院花掉 5,000 多元後，小彭覺得保險還是要考慮的。不然萬一將來生個大病，就麻煩了。

症狀：對保險的忽視很不應該。

解決方案：可以買一些基本的醫療類保險。

過段時間就應理性的審視一下自己的消費習慣，如果發現不良習慣趁早改正。培養良好的消費習慣對於個人理財有百利而無一害。

★ 理財小叮嚀：消費要有長遠計畫

俗話說：「凡事預則立」，在消費方面同樣如此，消費不能只看眼前利益，要考慮到長遠。例如電腦、智慧型手機、數位相機等產品更新換代非常快，因此，在購買之前一定要搞清楚自己主要需要哪些功能，根據自己的用途選擇它的分配。這樣不僅不容易被淘汰，還能省下一筆不小的更新換代的費用。

改變自己消費的不良習慣

我們每個人都知道平時應該盡量少花點錢，多存些錢以應對突發事件的發生。但是，一些長時間形成的不良消費習慣總是在潛移默化中影響著我們，讓我們「錢到用時方恨少」。那麼，這些影響我們的不良消費習慣都有哪些呢？我們又該如何改變呢？

衝動是魔鬼

相信您也有過類似的經歷，本來不想買什麼，或者您只是陪朋友去逛商場，結果朋友沒買什麼，自己卻買了一堆不必要的東西。也許每次衝動消費的金額並不大，但積少成多，長此以往，也是一筆不小的開支。

改正方法：小資族在閒暇的時候，最好不要把逛商場當作打發時間的方法，你可以找朋友聊聊天，看看書充實充實自己。

廣告的影響

現在各式各樣的廣告鋪天蓋地，對消費者的影響在潛移默化中形成，也許你在不知不覺中就成為了廣告的奴隸。消費者看到店家廣告促銷的誘惑，就好比是獵物碰見了獵人的陷阱，一不小心就會一頭栽進去。這樣的結果往往是傷了自己的荷包，滿足了店家的利益。

改正方法：消費最重要的是理性，盲目消費只會使消費者失去理性。因此，拋開廣告吧，一切從自己的需求出發，只有這樣你的消費才聰明成熟！

只買貴的，不買對的

現在有些年輕人虛榮心旺盛，常常購買超出自己經濟能力的高價名牌物品。這樣的結果就是有了面子，卻沒了鈔票，為了名牌而名牌，名牌就成了虛榮的絕對營養品。人心不足，欲壑難填，就消費而言，為了面子互相比較，就如同吸食鴉片，明知是毒品，卻仍然沉醉其中，欲罷不能。

改正方法：在消費中，價錢不是衡量消費品的唯一標準，只有貨比三家才算的上是理性消費。其實現在很多品牌、品質、包裝等都相同的商品，在不同的商場出售的價格卻不盡相

同。還有些商品，可能不是什麼名牌，但和很多名牌商品是同品質，甚至品質比名牌商品還要好，可是消費者因為名牌效益而不去問津。對於小資族來說，為了將來的生活能有更好的保障，為了避免以後因為買錯東西、買貴東西而後悔，還是貨比三家的好。

負氣消費

女性朋友們更容易犯這樣的錯誤，無論多大年齡，都有可能把消費當作一種發洩的手段，每當遇到壓力過大，心情不好的時候，就把花錢作為武器，以此作為安慰自己的方法。

改正方法：不管是為了爭氣而消費，還是為了生氣而消費，負氣消費的做法都是非常愚蠢的，結果往往是悲劇式的。其實調節心情的方式有很多，你大可不必跟自己辛辛苦苦賺的錢過不去。

貪圖方便

小資族平時工作繁忙，為了省事往往不願意花費太多的時間在家務勞動中，於是經常從超市買一批速食品或者半成品凍在冰箱中留著備用。

改正方法：小資族健康的身體是自己將來生活最大的保障，從超市買的那些速食品或者半成品既沒有營養，還比普通食品的價格高出好幾倍。與其這樣，不如自己花費點時間做些簡單的飯菜，既有營養，又有助於節省花費。

趕流行

這應該是現在年輕人的通病，他們對新鮮的事物充滿好奇心，對新的商品有很強的占有欲，比如新上市的手機，新上架的衣服。總是認為過了這個村就沒這個店了，只要喜歡，馬上就買。

改正方法：其實很多商品在當季價格都是很昂貴的，但是過了這個季節，它降價的幅度就會很大。如果這件物品你並不著急用，不妨耐心的等幾個月，也許到了那時，你只需花原價的一半或者三分之一，就能買到它。

★ 理財小叮嚀：調整好自己的消費結構

消費結構就好比營養結構，只有合理的，才是最好的。小資族在日常生活中應將自己的消費內容做一個明確的規劃，如吃需要花多少，穿需要花多少，住需要花多少……把自己的消費內容按比例劃分好，就能合理安排消費，從而避免由於錯誤的消費習慣引發的錯誤消費。與其到時候一籌莫展，不如提前未雨綢繆。

注意金錢的時間效應

過日子講究的是精打細算，如果我們能夠把握購物時間，不僅能夠為家庭節省一筆不少的開支，還有助於幫助我們養成勤儉節省的好習慣。那麼，如何才能把握住購物時間，節省家

庭開支呢？筆者提醒你，要注意金錢的時間效應。

陳小姐在某商場看上了一件羊絨大衣，這件大衣樣式新穎，做工精良，陳小姐愛不釋手。可是一問價格，這款大衣要 23,000 多元，而且沒有一點折扣，這使得小資族的陳小姐望而卻步。前幾天，陳小姐陪同事一起逛商場，正好趕上冬季的服裝做換季促銷，陳小姐抱著一線希望去找那件曾經「忍痛割愛」的大衣，結果還真讓陳小姐找到了。最後，陳小姐以原價的 4 折優惠，僅花了 9,200 元就把一件品質上等的羊絨大衣帶回了家。

王小姐也經常採用這種方法買打折的物品。王小姐在冬天的時候看中了一雙靴子，但是價格比較高，標價為 11,150 元，雖然顏色和款式都很滿意，試穿後也非常合適，但她還是說了聲謝謝之後轉身離開了，因為以王小姐多年的購物經驗來看，這雙靴子並不是流行的風格，而是比較經典的款式，因此，如果等到季末打折促銷的時候購買，一定能節省很多銀子。於是，王小姐就耐心等待。果然，到了年底拍賣的時候再來到該櫃臺，她驚奇的發現，這雙原價為 11,150 元的靴子正因為零碼而三折銷售！而且她所需要的號碼剛好還有。於是，王小姐毫不猶豫花了 3,450 元買下了這雙心儀許久的靴子。在王小姐看來，這雙靴子只不過是晚了一段時間擁有，以後穿也不會過時，這樣就節省了 7,700 多元，用這 7,700 多元完全可以再買一雙更好的靴子了。這樣的好事，何樂而不為呢？

以上陳小姐和王小姐的購物經歷充分說明了金錢的時間效應。一般來說，在當季購物，或者是消費高峰期購物，商品的價格往往上揚，沒有商量的餘地。而選擇換季去購物，此時商品正處於消費的淡季，購買的消費者相對比較少，即使去購買的人往往也是抱著可買可不買的態度，店家為了不囤積過季商品，常常會選擇打折促銷，這樣利用時間差無疑能夠買到相對比較便宜的東西。

除了服裝，其他消費品的購買同樣可以採用「時間差」的招數。例如小資家庭在買家具、電器的時候，如果趕在消費高峰期購買，既費錢又費時，等到消費淡季時購買可以省下一筆不小的開支。

★ 理財小叮嚀：留心店家玩「障眼法」

選擇「時間差」消費固然能幫助消費者節省不少銀子，但是消費者也不可大意，切記不可看到打折資訊就盲目購入。商場有關人士提醒，儘管當前降價大部分都是實實在在的，但有部分所謂的全場 2 折、甚至 1 折起的商品，其中存在著很大利潤。因此，消費者在選購打折商品時，一定要了解清楚這一種品牌新品的上市價、一般的市場價以及真正的換季大削價的價格，只有這樣，才能預防以次充好、以假亂真。

做個理性的消費者

居家過日子，柴米油鹽醬醋各方各面都要照顧到。錢不如

以前好賺了，東西比以前貴了，此時，做一個理性的消費者，是一件很有必要的事情。

所謂理性消費，理論上講就是透過現象發現本質的消費過程。如果不了解產品，不了解市場，不善於運用性能價格比的對比方法進行選擇，就有可能出現不符合實際需要的非理性消費的現象。作為普通消費者，要真正做到理性消費，就需要克服消費的「盲目性」，多了解市場行情，這有這樣，才能逐漸形成自己的主觀認定，保持穩定的、不為所惑的心態。

香港藝人鍾鎮濤和前妻章小蕙在 1996 年香港房地產處於頂峰的時候，以鍾鎮濤的名義擔保，短期借款數一億多港元，「炒買」港灣道會景閣 4607 室等五處豪宅和其他項目。1997 年亞洲金融危機爆發，香港房地產下滑，他們所購的項目大幅度貶值。債權人雖沒收了這些房產，但他們仍無法償清債務。由於部分貸款利率高達 24%，2002 年 7 月，法院裁定鍾鎮濤破產。

在普通人的眼裡，這些大明星都是住豪宅開跑車的，怎麼也會陷入財務危機呢？事實上，他們正是因為消費不夠理性而使生活陷入了窘迫。

我們熟知的另一位大明星胡瓜在理財方面就要專業得多了。談到自己的「理財經」，胡瓜說：

「在我的觀念裡，很多藝人都把這一生當中所賺的錢，大概一半都是在投資做生意，但是藝人又實在是不擅長，所以那又何必呢？其實演藝事業就是我們的生意啦。所以我還是很努力的把這個事業做好，也許之後退休，你要幹嘛也不是現在就能計畫的，因為計畫不如變化大，只要把財守好，自己算清楚將來這些錢能夠花幾年，我覺得這種理財方式比較實在。」

胡瓜的這番話也說出了理財的一個重要定律，即對自己不了解、不專業的行業千萬不要隨便投入。像鍾鎮濤那樣沒有任何經驗的人就投資房產，當然是虧的比賺的機率大得多。

面對現在很多年輕人不懂得理財，抱著「今朝有酒今朝醉」的錯誤觀點生活，胡瓜奉勸廣大年輕人：「不要總想著我一個月薪水多少錢？今年總共花費多少錢？卻從未想過未來的人生一共需要花多少錢，我現在還差多少錢？」

胡瓜還非常善於投資儲蓄險，據說，他所投的多是非常高額的儲蓄險，每隔幾年就可以領回五十萬元、一百萬元的保險。比如說現在繳一千多萬元，將來可以領回兩千多萬元。而且，更高明的地方在於，這種儲蓄險繳費時可抵稅，領回時可不課稅，實在是一種兼具儲蓄又節稅的雙重理財工具。

除了儲蓄險外，胡瓜還投保了高額的醫療險，因為人到老了還是會生病，不要老了沒人照顧，所以也保了醫療險。

胡瓜還相當實際，未雨綢繆的替子女及自己的未來做好準備。除了每年為子女保下高額的三百多萬元保費外，還每年為兒子和女兒各存一百萬元，等到他們二十歲時，也都各有兩千萬元，可以作為他們創業的基金。

胡瓜坦言，「我只投資自己，錢都交給老婆去管。原則是買

東西不貸款，像吳宗憲有一次跟我聊天，他說有8間房子，其實他的房子9成都是用貸款買，利滾利壓到喘不過氣，我也曾告訴任賢齊，不要羨慕別人有豪宅，否則肯定會入不敷出。」

作為普通的小資族，我們的賺錢能力無法與這些名人相比，但是在以上鍾鎮濤和胡瓜的案例中，我們可以充分了解做一個理性消費者的必要性。

★ 理財小叮嚀：帶個計算機逛超市

當你去超市購物的時候不妨隨身帶個計算機，買一樣東西就用計算機累加一下，隨時知道自己將要花費多少錢購物，如果超出了預算就馬上停手。而且，逛超市一般不宜超過十五分鐘，時間長了，買東西的機率也會增加。在購物之前列好自己想要選購的商品，拿著清單，直接到所需的東西的貨架，可以減少受「誘惑」的機會。

家庭消費的基本原則

雖然說在進行家庭消費時，決策者只是一個人或兩個人，但是在抉擇的過程中還是需要全體家庭成員的共同參與和合作的，一家人各司其職，各盡其力，各施所長，只有這樣，才能做好家庭理性理財。通常來說，家庭成員在進行家庭消費時應遵守以下幾大原則。

原則一：一致性原則

首先是願望一致，即大家都對家庭有較大的歸屬感和投入感，都希望家庭興旺發達；其次，方法一致，各項消費開支在家庭總開支中應該占多大的比重，例如在進行家庭物質建設中先添置什麼、後添置什麼；最後是作風一致，如果有的家庭成員作風儉樸，有的卻揮霍無度，就難免會導致矛盾的發生了。

原則二：民主性原則

家庭消費的合作需要建立在民主的基礎上，如果不實行經濟民主，就談不上有效的、鞏固的和長期的合作。如果其中某位家庭成員獨斷專行，不講民主，就會破壞整個家庭的親密、和睦氣氛，破壞了信任感，從而破壞了全家在這方面的合作。

家庭消費中的民主原則主要展現在買東西時大家要相互商量，特別是夫妻之間在進行消費決策時，要多說：「你的意見怎麼樣？」「你看呢？」有許多事情，如果經過大家商量，往往都感到心安理得，哪怕消費效果不那麼理想，也不會因此而相互埋怨或責怪。如果消費前沒有經過商量，即使這項消費是合理的，也有可能會惹出不必要的矛盾和糾紛來。當然，這裡需要事先商量的消費主要是指一些開支較大的消費。

家庭消費民主還表現在要保持一定的自由度。一家人既然是共同過日子，思想和行動都要力求統一，不能各自為政，想怎麼花錢就怎麼花錢，各個家庭成員消費要有計畫，有規矩，有商量。但是，這一點也不能限制得太死，否則容易讓家庭成

員在家庭消費問題上產生一種心理上的壓迫感。過去，在丈夫是一家之主的情況下，妻子私藏「體己錢」的不少，現在，丈夫留「私房錢」的現象也不斷出現。這種藏匿「私房錢」的現象往往破壞了家庭關係，容易引起夫妻糾紛。如果在家庭消費上保持一定的自由度，夫妻雙方都坦誠相見，這種現象就不大會發生了。

原則三：提高效益的原則

所謂提高效益，是指家庭消費要在達到消費目的的前提下，獲得最大滿足，少花冤枉錢，不花冤枉錢。要做到這一點，就應該有明確的消費目的，比較強烈的消費動機，了解一些市場規律，精打細算，有健全的消費心理，並且不斷總結經驗教訓。但是，什麼樣的消費算是消費效益高？家庭成員在什麼情況下才能獲得消費得最大滿足？這都是相對的。有時買了一樣東西，當時覺得價廉物美，很滿意，過了一個時期，又感到不滿意了；有時買了一樣東西，自己感到很划算，但是別人也買了便宜貨，和別人比比，又感到自己並不那麼划算了；有時買了一件自己很滿意的東西，但配偶並不滿意，於是自己滿意之心就大減。因此，提高消費效益，不花冤枉錢，獲得最大滿足等等，只是人們不斷追求目標，對此要有正確態度。

原則四：科學的原則

隨著社會的發展，現代的家庭管理，尤其是家庭消費管理，都是建立在科學的基礎之上的。只有了解一些經濟規律，了解一些市場動向，掌握一些商品知識，才能選擇恰當的購買時機，確定適宜的購買數量，並保證所購買物品的內在品質。此外。在保管、使用、維修上也要講科學，這樣才能充分發揮物品的作用，盡量延長它的使用壽命。例如兩個家庭同時購買的兩件品質相同、性質相同的耐用消費品，過了幾年以後，一家人的幾乎完整如新，另一家人的已經破舊不堪了，這都和保管、使用、維修是否適當有很大關係。

原則五：有餘的原則

家庭消費不能一下子吃光用光，更不能經常借貸，形成負債，而應該經常的有所積餘。這些積餘，是用來支付耐用消費品的折舊費用，聚集起來購買高檔消費品，或用來應付意外開支的。家庭消費貫徹有餘的原則能使家庭成員對生活充滿安全感和穩定感。

要做到有所積餘，就必須「量入而出」，計畫開支，嚴格掌握。還要勤儉節省，這對保持家庭生活的和睦、幸福是很有好處的。

★ 理財小叮嚀：由儉入奢易，由奢入儉難。

當你由窮苦節儉的日子變成富裕奢侈的生活時，一切都很容易適應；可是當你由過慣的富裕奢侈的生活變成窮苦節儉的日子時，往往會比較困難。因此，我們應在平時就養成節儉

的好習慣。

家庭消費常見的盲點

恩格斯說：「人們的消費，一是生存，二是享受，三是發展和表現自己」。從某種意義上說，消費是一門學問，很多家庭身處消費的「圍城」當中，卻不識消費的真面目。從而造成消費目的簡單，消費行為隨意。既然家庭消費存在著這樣或那樣貽害家庭而又令人渾然不覺得盲點，我們就應該認真辨別。

賭氣消費盲點

正所謂「舉杯消愁愁更愁」，人在心情不佳時，往往會透過一些不明智甚至是怪異的舉動來發洩心中的煩惱、鬱悶和不滿，尋求心中的平衡感。如通常所見的抽菸、將家裡常用的東西摔壞後再買、去商場專挑價格昂貴的物品等等。賭氣消費便是花錢出氣。

批發消費盲點

批發消費越來越受到尋常百姓的青睞，儼然成為一種新的消費時尚。但批發消費也容易陷入盲點。批發需要一定數量，一些消費者為了買到批發價格，即使不需要那麼多，也不惜勉強多購。這些物品看起來便宜，但發揮作用的那部分其實要貴得多。批發的規律是批量越大，價格越低，便宜就貪多，買得多用得多，反比批發以前花的錢多了。這也在某種程度上刺激和膨脹了家庭消費。

人情消費盲點

禮儀之邦歷來注重人際間的親情和友情，正所謂「禮尚往來」，適度的人情消費是家庭中是必不可少的。但是有些家庭本身經濟拮据，卻常常為人情所累所煩，又不得不打腫臉充胖子，強作歡顏把客請把禮送。有人說：「人情是把鋸，你來我去，有人情走遍天下，沒人情寸步難行。」但是，如此沉重的人情消費實在是讓人難以承受。

健康消費盲點

當前家庭的健康意識越來越強，花錢買健康已成為家庭的根本理念，學習保健知識，參加健身活動，購買健身器材，進行心理諮商……這些健康消費種類在家庭條件許可的情況下，是應該的也是必要的。但有的家庭卻把健康消費用錯了地方，例如花在買營養食品、保健用品和一些不能從根本上增進健康的消費上。在這裡要提醒大家，營養保健食品是專門為某些特殊人群配製的，並不是對人人都有用，盲目輕信一些保健品能「包治百病」、「延年益壽」，等於在花冤枉錢。

美容消費盲點

美容消費在女性朋友中花的比較多，一些女性在追求美時，不顧實際收入，不斷求新、求怪、求奇，什麼流行做什麼，使得美容支出在家庭支出中占了大部分的比例，有的甚至

超出全年收入，據有關部門的一項調查，一個女性一年用於美容方面的開支，占整個收入的20%，這還不包括臨時高額購買一些美容產品和施行醫美手術。

閒置消費盲點

不少人認為，近幾年，錢存銀行的利息抵不上物價上漲的幅度，存錢不如存物。殊不知，國家正在採取各種調控手段限制漲幅；物價雖然上漲，但並不意味著所有的商品都會漲，有的商品不但不會漲，反而逐年下降；還有的商品時效性強，日後可能會被式樣更新、品質更好、功能更齊全的新品種取代而遭淘汰。

名牌消費盲點

要買就買最好的，要買就買名牌，家裡成了名牌貨櫃，身體成了名牌活廣告。名牌是信心的基石，名牌是高貴的象徵，名牌是地位的介紹信，名牌是成功的通行證……為了名牌，一些家庭不顧自己的經濟能力，令人啼笑皆非。

負債消費盲點

隨著消費觀念的改變，負債消費不同程度的進入你我之間，分期付款或過度消費，花明天的錢享今天的福，花別人的錢，自己來享受，預支明天的幸福。但是，盲目利用負債消費，並沒有好結果。

社會絕大多數家庭還得靠薪資收入維持生活的情況下，學會過日子，好鋼用在刀刃上，實在是太必要了。因此，為了家庭的幸福，請務必消除種種家庭消費盲點。

★ 理財小叮嚀：消費盲點危害社會

形形色色的消費盲點，導致家庭金融資金累積少，家庭承擔風險和應急能力差，使得家庭成員身心健康受到嚴重損害。更有甚者可能會引起家庭生活不和諧甚至解體，誘發犯罪，既害了家庭又害社會。

過度消費要量力而行

現在，越來越多的年輕人崇尚「過度消費」。他們有一個新興的名字——「都市負翁」。他們的消費觀念和消費方式發生了明顯轉變，不再信奉「量入為出」、「積穀防飢」，而是不顧自己的實際財力，也不考慮往後的償還風險，心態浮躁，相互比較，追求「高檔享受」，盲目「過度消費」。「過度消費」從某種意義上說，可以提高生活水準，促進經濟成長。但是過度的「過度消費」，往往會使人身心疲憊，生活拮据。

【個案一】生活品質下降了

- 小陳：男，27 歲，銀行職員，月入 34,000 元；
- 小高：女，26 歲，外資企業白領，月入 34,000 元。
- 所購房地產：建築面積三十坪的三房，總價 665 萬元，連稅和雜費總共 668 萬元。頭期款 200 萬元，分期 20 年。

- 日常開銷：月供費用占兩人收入的 40%，所有花費占兩人收入的 75%。
- 購屋心得：「當時購屋的想法就打算一步到位。購屋前我們的日子過得挺愜意的，下班後先是找個好吃的地方吃飯，然後就逛街看電影。開始購屋後，生活就突然緊張起來了。我以前連豬肉多少錢一斤都不知道，現在連蔥的價錢都知道了。購屋前真是沒想過生活品質會發生這麼大變化，現在才認識到，房貸真是一件苦差事啊。」

【個案二】不敢亂花錢了

- 小胡：女，26 歲，行政人員，月入 26,000 元。
- 所購屋地產：建築面積二十四坪，兩房，總價 530 萬元。頭期款 160 萬元，分期 15 年。
- 日常開銷：購屋後每個月繳交房貸，其他開銷也一省再省。
- 購屋心得：「當初購屋就是希望自己能夠獨立一些，用自己以前的積蓄並向父母借了 100 萬元繳了頭期款並做了簡單的裝潢。可從開始購屋起，就覺得壓力非常大。以前還偶然買一兩件漂亮的衣服。現在根本不捨得，每個月都是花得精光的。」

【個案三】成「月光族」了

- 崔先生：男，30 歲，保險業務，月入 36,000 元。

- 所購屋地產：建築面積三十三坪，三房兩廳，總價將近 670 萬元。
- 日常開銷：每個月房貸就占了收入的一半以上，加上寄點錢給父母，現在基本上是「月光族」了。
- 購屋心得：購屋之後每個月的 20 號準時就要扣款，而公司發薪資的時間難免會拖延一下，日子就十分拮据了。特別是在交了女朋友之後，生活開銷更大了。陳先生也想賣掉現在這間房子，買另外一間坪數小一點的，可是算一算，虧得太多了，而且現在新房的價格又太貴，「唉，煩！」崔先生心情煩躁的說。

以上案例告訴我們，「過度消費」還需量力而行。如果因為過度消費而不得不過上緊繃「手頭緊」的日子，為了那間空蕩蕩的大屋，為了開著拉風的高級轎車，本該屬於年輕人的瀟灑歲月，一下子變得負擔沉重，那又何必呢？

「先用未來錢」本並沒有錯，錯就錯在沒有正確評估自己的償還能力。你不能不看到存在的風險。隨著越來越多高學歷的年輕人湧向社會，勢必帶來兩方面的效應：一是剛工作的年輕人的平均薪水下降，另一方面是工作不久的年輕人必須要面對更多競爭者的挑戰。因此，過度消費對於目前年輕人來說，的確是風險過高。

就拿「提前消費」購屋這件事來說，不可盲目貪大，一定要符合自己的經濟承受能力，充分估算到可能存在的風險。那麼

應該怎樣衡量自己的購屋能力呢？

如果您可以一次性付清全款購屋，而無需求助於銀行或者親友，那麼恭喜你，你絕對擁有足夠的能力購屋。

但是如果你沒有能力一次付清全款，那麼你需要考慮以下三個方面的因素：第一，有至少兩成的頭期款，如果是外地戶口，則需要三成；第二，在考慮工作變動等因素的情況下，您每月能按時支付還款；第三，支付入住、裝潢的費用，同時還有以後每個月的瓦斯費、水費、電費、管理費等。

透過以上三點，對自己的實際經濟情況進行一個可行性分析，然後再根據自己的需求、資金實力以及市場行情等，估算自己的實際購買能力。

首先，在購屋之前，要先估算一下家庭可動用資金，包括每個月的薪資收入以及各種貨幣補貼等；然後，要為以後的生活預留一筆用於醫療、保險、預防意外災害等方面的預備資金。將家庭平均月收入扣除日常生活開支預備資金，得到家庭每月可以靈活運用的資金，加上家庭以前累積的存款，就可以估算出自己的購屋能力。

有時候，並不是住上了大房子在你就一定會開心，關鍵要看自己的心情。如果每日被房貸壓得喘不上氣，又何必守住這個不開心的根源呢？

★ 理財小叮嚀：還貸能力考核公式

業內有這樣一個公式可考察你的還款能力：將家庭年收入

總和乘以 5，所得數值為自己所能承擔的房價的最高限額。若房價高出此限額 30%，則意味著你在現階段的還貸能力尚不足。例如：你的家庭年收入總和為 500,000 元，乘以 5 為 2,500,000 元，也就是說你能承擔的房價最高限額為 250 萬元。如果現在的房價為 320 萬元以上，你應暫緩買房。

花錢要有新觀念並會運用新工具

我們這裡要說的花錢新工具指得是「團購」，「團購」對於很多年輕人來說並不陌生，它的全稱為團隊購買，簡稱 B2T，是繼 B2B、B2C、C2C 後的又一電子商務模式。其具體操作模式是：透過網路，由專業的團購服務公司將有意向購買同一產品、同一品牌或同一品牌的同一系列的消費者組織起來，組成購物團體，大量向廠商進行購買，這樣可以在保證品質的情況下，用大訂單的方式減少購銷環節集體殺價，廠商將節省的銷售成本直接讓利於消費者，消費者可以享受到讓利後的優惠價格。

團購不僅能夠讓消費者在最大限度上節省成本，而且消費者在購買和服務過程中占據的是一個相對主動的地位，可以有更高的安全性，享受到更好的服務。同時，在出現品質或服務糾紛時，更可以採用集體維權的形式，使問題以更有利於消費者的方式解決。因此，這種購物方式被越來越多的消費者所推崇，團購的內容小到化妝品、圖書、軟體，大至家電、建材。

住房團購

小王今年打算結婚，他的父母想著用自己的積蓄給兒子買間套房作為結婚禮物。但是現在的房價飆漲，讓父母一下子繳清房子的全款也不大可能。於是小王打算讓父母幫忙付個頭期款，剩下的自己以後分期還款。

為了少花冤枉錢，小王和父母跑到各大房產公司去看房、砍價，但是他們想要購買的是小套房，這類住房幾乎是一分錢也砍不下來。這時，他們聽到了兩條資訊，一是某知名廣告公司為了幫助員工解決住房的問題，決定組織員工集體團購房屋，但現在團購的數量還達不到門檻，所以公司員工的親屬和朋友也可參加。二是某家銀行組織的團購房屋活動，活動期間凡是從該行辦理住房貸款的購屋人，由銀行出面組織貸款人和房仲談判，讓購屋者享受到優惠的團購價格。

這兩條消息讓一家三口看到了一絲希望，小王的父親想到自己有個朋友的女兒在那家廣告公司上班，自己也算是公司員工的朋友，於是，他到那家廣告公司指定的房產處看房，一看將要團購的房子正好是前些日子自己已經看好，但始終砍不下價格的小套房，於是毫不猶豫和廣告公司簽訂了團購委託協定。

最後小王一家以低於市面 8% 的價格買到了房子，你可千萬別小看了這 8%，小王一家買的這間房子的全價是 260 萬，這低於市價的 8% 就等於節省了 20.8 萬元。

由此可見，團購房屋為老百姓帶來了實惠，而對於建商，同樣獲得了利潤。雙贏是住房團購的基礎，建商獲得應得的利潤，而消費者最大限度的減少了支出。如果房仲能一次賣出去幾十套甚至上百套住房，更有利於資金的快速回籠和周轉。

但在團購住房時，朋友們還需要注意以下幾點：

首先，住房團購有多種方法，有像小王一家遇到的公司團購、銀行團購，還有親朋好友或網友們自發組織的團購，因此，你應根據自己的情況選擇合適的團購方式。

其次，要把握好住房團購與零售的價格，一般來說，普通住宅團購與零售有不同的差價。

最後，要注意房產公司的人，有的團購住房是房產公司的人組織的，或者乾脆是房產公司自辦的。表面上有較高的優惠折扣，實際上卻讓你陷入了先漲價後降價的陷阱。

汽車團購

買車同買房一樣，同樣可以選擇團購的方式。房子與汽車一樣，都屬於大件的消費品。因此，在決定團購汽車之前一定要先了解各種團購管道的行情，還要掌握尋找機車團購仲介的竅門，為了方便購車，還是選擇在當地或者距離比較近的城市參加團購比較合適。還有就是不要陷入「團購就是低價」的盲點，在團購砍價時要避免出現「劣價劣質」的情況，確保汽車只是價格降低，而不是品質和售後服務同樣降低。

以上列舉的是一些大件物品的團購，一些小的物品同樣可以團購。團購是件雙贏的事情，想要省錢的你不妨試試吧！

附：團購的流程

1. 顧客從各個商場或其他管道了解自己想要購買的商品品牌、型號及對應的市場最低價格。
2. 顧客提交團購意向訂單，或者電話諮詢團購線上客服人員，了解對應商品的團購價格，確定是否參與團購。
3. 確定團購後，繳納訂金（訂金可自行到團購線上網站繳納或通知團購線上客服人員上門收取，現場團購則會將訂金直接交給供應店家），顧客獲得註明團購優惠政策的團購訂單。
4. 顧客憑團購訂單到指定銷售點辦理提貨手續，或者直接電話通知店家送貨。
5. 顧客驗貨付款，索要相關票據、質保書等，完成團購。

★ 理財小叮嚀：品質始終是第一位的

在團購盛行之際，也因此產生了不少問題，有些投機店家為了招攬客戶，利用網路平台發文吹噓商品的功效，等到消費者購買了商品便撒手不管。因此，大家在團購時應保持謹慎，在尋找最低價格的同時，也要關注店家的專業水準、售後服務、評價等。在團購大件商品時，可諮詢律師等專業人士，以避免不必要的麻煩。

理性面對打折促銷

如果你經常逛街，一定不會對「本店拆遷，地價拋售，最後一天」、「你走過路過千萬不要錯過」這樣的吆喝聲感到陌生。同樣，每到節假日甚至週末，各大商場的海報都被打折、滿額送、換季節日酬賓大促銷充斥著。於是，很多「購物狂」奔相走告，拖夫攜友，大包小包的搶著往家裡搬，彷彿所有東西不花錢一樣。作為一個理性消費者，千萬不要被店家營造狂熱的購物氣氛沖昏了頭腦，因為無論是打折，抑或是滿額送，都是羊毛出在羊身上，店家不會慈悲到做虧本的買賣。

以滿額送促銷來說，有的店家大喊滿 100 送 50 元，從表面看，是打了 5 折，消費者都瘋狂去購買，實際上是花了 100 元買了 150 元的商品，換算為 6.7 折。滿 100 送 100，滿 100 送 60，是同樣的道理。

而且打折作為商場本身並沒有損失，他們只是把壓力轉給了供應商，讓供應商自己想辦法承擔損失。所以你細心觀察就不難發現，在有促銷活動的時候好衣服要不就是沒有，要不就不參加活動，通常拿出來打折銷售的都是些庫存商品，或是過季的舊款。

現在城市中的商場的競爭達到了白熱化的程度，折扣與客流是成正比的，所以每家商場每週必須有活動，有些商場更是必須天天有活動。一般有名的好品牌都不參加此類活動，倒楣的就是小品牌，不得不參加活動，可是成本那麼高，哪有那

麼多利潤？因此，他們就抬高價格，現在的很多東西越賣越貴，其實有很多因素並不是品質提高了，而是因為廠商「賠不起了」。

一般來說，在商場活動之前，很多品牌先提高原價，再去打折或者滿額送。但是大品牌通常不會這麼做，只是把好貨收起來。

所以說，消費者以後再遇到商場打折或返券促銷的時候，一定要保持理性。畢竟每一分錢都不是輕鬆賺來的，錢要用在最該用的地方。如果僅因為貪圖便宜而買了一堆用不到的東西，食之無味棄之可惜，只能是浪費自己的鈔票。

★ 理財小叮嚀：掌握好買衣服的時間

在商場買東西，季節性比較強，通常夏裝6～7月開始甩，冬裝2～3月開始。另外，在買東西的時候一定要貨比三家，大商場並不是唯一的選擇，超市、批發市場和小店也有很多選擇。為了不浪費時間，也可以向消息靈通的人士打聽一下買衣服的好地方。總之，掌握一個原則：多比較，謹慎掏錢包！

日常省錢祕訣

所有的店家終究都是利潤最大化的追求者，消費者為了自身的利益必須學會同店家玩捉迷藏。怎樣才能做到既省錢又能把錢花到刀口上呢？本文教你幾個小高招。

策略一：只買生活必需品

快節奏的工作生活讓不少人家裡生活用品越來越多，全套算下來是一筆很大的開支。要想省錢就要盡量減少生活中那些可有可無的開支，只買生活必須。而且必須明白，什麼才是生活必需品。例如：也許你會很高興以 5 折的價格買了一件高級晚禮服，穿上它你像電影明星一樣閃光奪目，但是，在買下它之前你也要考慮清楚，會不會有機會穿上它。

策略二：打時間差

打時間差是省錢的基本招數。例如：在選擇節慶假日出遊時，趕在連假出遊不僅會和眾人擠在一起，耗時耗力還要支付更貴的門票，常常讓人苦不堪言，而改變的方式也很簡單，利用帶薪休假，將假期延後一到兩個禮拜，看到的風景當然就不一樣！而買折扣機票選擇早晚時段乘客較少也相對優惠，至於到錢櫃去享受幾小時的折扣歡唱，到高檔餐廳喝下午茶，換季買衣服，則切切實實的節省了金錢。

策略三：打批發牌

當你獨自逛街的時候，也許會覺得一個人討價還價沒有殺價空間。但是，個人的力量是有限的而群體的力量是無限的，當幾個人或幾十個人聯合起來砍價就是另外一回事了。「團購」就是打批發牌的最佳展現。小的如家電器材，大如汽車，都可以在團購中得到更多的價格優惠。有導遊證的朋友組團旅遊也

是省錢的一個妙招，透過導遊證可以湊足 15 個人出團，不僅能在機票上享受較低的折扣，還可以節省至少 20% 的門票費用。

策略三：犧牲部分生活舒適度

新節儉主義的前提是不降低生活品質。在這個前提下，適當犧牲一點舒適度，能夠節省幾張鈔票，當然也是可行的事。比如說卡拉 OK，晚上黃金時段的消費是全價價格不菲，而你只要犧牲一下早上睡懶覺的時間，呼朋喚友的在清晨趕到錢櫃，價格便只有 3 折，酣暢淋漓之後，是不是覺得很值得呢？

策略四：時間、精力換來金錢

要想省錢，就一定需要花費一定的時間和精力。例如收集超市的優惠卡、報紙上的折扣廣告、折扣券、網路的優惠券等。基金轉換的省錢竅門也是需要耗費時間、精力的，你畢竟需要在正常手續之外多一道周折。賣了房子租房住的人則承擔了更大的時間、精力上的瑣事，可以想像，要跑仲介跑銀行跑交易中心跑客戶，一趟下來早就讓人叫苦不迭，許多人也有換房或者租房的想法，但畏懼這一番折騰，也就維持了現狀，看來財富還是更青睞勤勞的人。

策略五：利用先進科技工具

這一策略可與「打批發牌」策略相結合。在團購的過程中，網路是必不可少的，它把有共同需求的網友集中起來去討價還價，如果僅靠朋友之間的口頭傳播，顯然沒有這麼大的號召力。再例如網路投保，如果你買的險是相對複雜的險種，來回奔走保險公司就是一件比較費時費錢的事情。現在，像意外險、旅行險等都適合網路投保，不僅不用來回奔波，買保險還可以打折，非常划算。

★ 理財小叮嚀：有些年費並不划算

有些繳年費的活動看上去很划算，但實際上你能用上這些服務的機會很少。例如花 8,800 元就可以全年在某連鎖健身中心健身，你可能會為此動心，認為平時去一次也要幾百元，一年去上十幾次就回本了，於是花了 8,800 元辦會員。可是一年下來，由於工作繁忙或者其他原因，一共也沒去過幾次，這樣一算還不如單買門票便宜。

超市購物省錢竅門

由於超市採取的是自助式購物，很多人在不知不覺中就購買了許多並不需要的商品，造成了不必要的浪費。要想在超市購物的時候省錢，就要「固定時間、制訂購物單」。以下幾種超市購物省錢竅門可供你參考。

新開超市價格比較低

一般來說，新開張的超市為了吸引人氣，常常會有很多特價的商品，對於這些商品，超市甚至不惜血本降價促銷，為的就是做好宣傳，吸引顧客。一般打折最多的是米、油、麵等生

活必需品，如果你也需要這類商品，可以在店開張的時候買。

事先列好清單只買生活必需品

超市的商品特別多，要事先想好要買什麼，一樣一樣買好，省得出了賣場才想起買，又重新排很多時間的隊了，會浪費很多時間。將所需生活用品羅列成清單也有助於控制過度的消費欲望，只買清單上的物品，只買生活必需品，其他的一概不要。

注意看 DM 廣告

DM 廣告，是超市定期發布的促銷廣告，DM 單上的促銷商品價格都很低，在 5% 左右，偶爾會有零利潤的。一般特別便宜的商品超市 DM 會印的比較大，消費者可按需選購。但是，購買 DM 商品，注意購買名牌的商品，拿洗髮精來說，最好選擇飛柔、海倫仙度絲、潘婷等品牌，千萬不要購買價格特別便宜的沒有聽說過牌子的商品，否則萬一你頭髮受損，可是得不償失的。

注意堆頭商品

一般在人流最集中的地方，如收銀台前，主要通道，會擺放一些特價商品，這些商品的價格比較低，如果需要的話可以考慮購買。

選擇黃牌卡商品

超市為了增加銷售，定期會找一些商品做特價銷售，以吸引客流。儘管這類商品比 DM 商品、堆頭商品價格高些，但價格也是低於普通商品的，可以關注。

多逛少買，比較價格

平時逛超市的時候，可以讓眼睛盡情的過癮，可是錢包一定要握緊，千萬別衝動。多留意留意常用的商品價格，比如牛奶、食品、調味料等。同樣的商品，大超市的價格不見得是最低的，社區附近的便民超市通常還要便宜許多。

特價抽獎，優惠多多

一般的大超市都會在節日、週末的時候發布報紙廣告，搞一些大特價之類的促銷活動。還有的超市會經常舉辦一些滿多少元就可以抽獎的促銷活動。店家刺激的是購物熱情，買家在誘惑之下應保持一顆平常心。只買需要的東西，遇到抽獎的機會，中獎了當然皆大歡喜，但千萬不要為了抽獎而盲目湊錢，最後獎沒有抽到，不需要的商品倒購買了一堆，就沒有必要了。

計畫購物，省時省錢

零散購物既費時又費事，而便利商店做活動的時候正是大宗購物的最佳時機，因此，為家庭日常購物做出週計畫和月計畫，按購物計畫單採購。

核對帳單

核對帳單是為了避免由於收銀員的疏忽，而將所購物品的數量打錯，一旦發現問題可以當場解決，省得回家後，再跑

一次不值得，更何況離開櫃臺也說不清了。賺錢不容易，怎可以浪費？

養成購物好習慣，想不省錢都難。

★ 理財小叮嚀：週末購物帶回特別的驚喜

如果可能的話，盡量將購物的時間安排在週末。週末雖然人多一些，但店家由此也會推出一些酬賓活動。週末的牛奶和麵包多是買大送小，其他的商品也會有一些類似的優惠。

你該在哪些地方省錢？

不同的人生階段需要不同的省錢方案，你該在哪些地方省錢呢？看看以下省錢高手們是如何省錢的吧，也許你會從中受到一些啟發。

職場新人省錢絕招

小西今年大學剛畢業，忙碌的工作之餘，她總愛到自己的母校去逛逛，不是為了懷舊，而是小西的省錢絕招！要知道，大學附近的商店，針對的顧客便是那些大學生，價格自然比其他地方便宜。這一點，在校的大學生是最清楚的了，只是沒想到，已經踏上工作職位的小西還堅持吃著「回頭草」，來看看她究竟在校園中省了哪些錢吧！

小西說：「以前做學生的時候，總覺得 1,000 元做個髮型實在太貴。軟磨硬泡著和髮型師砍價，運氣好的話，500 多元就能做個新髮型！可如今，踏上社會了，見了世面了，才發現原來做個頭髮可以那麼貴！動輒就是幾百幾千！不免大大懷念起學校裡的美髮店來。那個美髮店可是經過自己大學四年嚴格考察過的，品質絕對沒問題，既然如此，何必冒著做壞頭髮的風險，花那麼多錢讓別人宰呢？」

上個月，留在本市的幾個同學打算在市中心吃頓飯一起敘敘舊，再去 KTV 唱個通宵。小西知道這件事後，立即提議把活動地點改到母校：一來可以讓大家故地重遊，別有意義；二來學校旁新開了一個休閒廣場，飯店、電影院、KTV、網咖、大賣場……可真是應有盡有，而且價格算公道。聚會的結果也證明了小西的提議是正確的，那天，幾十個人在母校待了整整一天，僅用去了一半的預算，而且在母校聚會，別有一番樂趣。

新人父母 —— 買對了就是省

當了父母，沒有對孩子不捨得的。可越是這樣，往往就害了孩子。小兒科醫院的王教授對此感慨萬分，因為吃得不當，越來越多的小孩子染上了大人的毛病：諸如糖尿病、高血壓、冠心病等等，而究其原因，就是吃得不合理。家長們自己省吃儉用，對孩子卻放任自由，正是由於一堆太甜太鹹的飲料零食害了孩子，花錢買出了毛病。所以王教授建議，給孩子買對的東西，對家長而言應該就是省了吧。

所謂對的，就是給孩子天然的味道，比如有些牌子的嬰兒食品就比較好，果汁、米粉都不添加任何甜味劑等，這樣不會

對嬰幼兒的生長發育造成影響。所以家長在選購嬰幼兒食品時不在乎價格是一回事，會看說明書更重要，任何帶有防腐劑、色素、防黴劑、調味劑、甜味劑的東西都不適用於兒童。兒童只有在三歲以後才可以跟大人吃差不多的口味。

對幼兒來說，越是接近天然的、味道清淡的越好，因此，作為家長，花錢一定要花對地方，買嬰幼兒的東西認準大品牌是對的，同時也不要忘了貨比三家，面對商場裡琳瑯滿目的東西，不能看誰的口味好，要比誰的口味淡。當然有些錢家長還是可以省的：比如：飲料啊，休閒食品啊，甚至是大閘蟹啊，都不應該由著孩子的喜好買給他，對孩子而言，喝白開水和牛奶或者乾脆吃水果反而比較好。輔助食品根據情況來添加，小孩有時拒絕一樣東西並不是不喜歡，而是不習慣，給他 10 ～ 15 次嘗試的機會，讓他接受天然的味道終究是有益的。

俗話的「病從口入」在今天看來還有會不會吃的含義，吃得健康，不生病，那才是沒花冤枉錢。所以家長今後的商場選購，除了錢的精打細算，更多要考慮的是健康概念，給孩子一個健康的開始和未來，可能是家長最大的節省，也是家庭最大的財富了。

熱戀情侶 —— 邊談戀愛邊省錢

小王與男友正處於熱戀中，但是近來總是聽到小王在姐妹面前大發牢騷：「沒錢啊！沒錢啊！還沒結婚呢就要考慮怎麼省錢了，這是什麼世道啊？！」

原來小王的男友不久前辭了工作，準備安心複習即將到來的公務員考試。由於兩人的父母都在外地，小王又還是一個大學生，不想問家裡拿太多錢的兩人只得靠著先前的一點積蓄「艱難度日」。

本來這點錢用來維持一個人的生活開銷是沒什麼問題的，但是問題就在於兩人還處在熱戀期，一個星期總要一起吃個飯、逛逛街、看場電影……這樣一來，錢當然就不夠花了。

非常時期非常計畫，為了能夠最大限度的節省用錢，又不影響兩人感情的發展，小王絞盡腦汁和男友約法三章：

首先，吃飯要「定時定量」。每星期最多吃一頓「好的」，其他時候一起吃飯，不得超過 100 元。其次，看電影盡量選擇在週二，現在三四百塊一張的電影票對學生來說實在太貴了，在這個非常時期，兩個人在家看線上影音已經成為最省錢的約會方式，如果電影對於現場設備要求實在太高，非得去電影院中欣賞，那就一定要等到電影票打對折的那天。

向模範家庭學習

精打細算是一種美德，不管你賺多少，如果不精打細算，不學會理財，再多的錢財也有揮霍一空的一天。美國的伊科諾米季斯一家曾被稱為該國「最節省家庭」，這個收入平平的一家七口有一套省錢攻略，將「賺的多也得靠花的巧」的理念演繹得淋漓盡致。讓我們來看看他們是如何省錢的吧！

「窮追不捨買便宜貨」

他們每次到超市購物，都會在購物架前仔細來回穿梭，尋找要購買物品的最便宜價格，直到找到了最低價才會買東西。即使在不購物的時候，他們也會像炒股者關注股票一樣，隨時留心各種物品價格的漲落。在夫妻倆的影響下，五個年齡從 10 歲到 21 歲的孩子也學會了節省，經常陪著父母耐心搜索最低價格。

「每個月只購物一次」

「最節省家庭」建議大家，最好每個月只購物一次，因為逛的多一定會買的多，買的多就花錢多。

「購物一定要有計畫」

「最節省家庭」認為這一條是節省的經典策略，如果購物無計畫就等於給存款判死刑。因此每個月都要根據家中的需要制定詳細、合理的購物計畫，最好提前將每頓飯的功能表也都設計好，並寫在帳本上，做到心中有數。

「提前購買節日物品」

如果等到過節時再買東西，一定會比平時貴很多，因此每逢重大節日前，可以提前購買一些節日所需物品，並儲備起來，以防節日時漲價。

「巧妙利用購物優惠」

許多商場、超市為了促進商品銷售，都會推出很多購物優惠活動，例如買二贈一、低價大型裝等等，將這些優惠反覆比較，合理利用，就能夠以最優惠的價格買下所需要的物品。

「提前預算不立危牆」

「最節省家庭」告訴大家，如果不提前做預算，就很可能從一個財政危機陷入另一個經濟困境。而一旦家中經濟拮据並最終導致負債，那麼接下來整個生活都是一種危機了。

「永不花費超過信封內總金額 80% 的錢」

「最節省家庭」建議大家將每個月的家裡需要花的錢放入一個個信封，分別用於買食物、衣服、汽油、付房租等等，而且永遠不花費超過信封內總金額 80% 的錢。這樣，不僅支付了基本開支，還可以省下一筆錢。

以上是「最節省家庭」在居家理財方面給您的一些建議，希望對您有所幫助。在人的一生中，有許多值得去探索和體驗的事情，為了獲得知識，體會到生命的真諦，您必須學會節儉，學會控制花費。

★ 理財小叮嚀：節儉不等於吝嗇

節儉與吝嗇是完全不同的兩個概念，我們提倡您在生活中注重節儉，但並不是叫你處處吝嗇。像有的人平時穿著打扮都十分講究，消費時出手闊綽給人以非常富有豪爽大方的感覺，

但是真的叫他們作一份產業，進行一項投資時，他們卻拿不出錢來；而還有的人平時食衣住行都非常樸素，甚至給人小氣寒磣的感覺，但是當他們遇到可以投資的項目時候，他們會毫不猶豫拿出數目可觀的資金來。因此，您應該在該大方的時候大方，在該出手投資的時候出手。

巧用信用卡，享受免息貸款

當今社會，信用卡已成為都市一族的生活必需品，很多人將刷卡的過程親切的稱為「喜刷刷」。其實，除了普通的支付手段外，信用卡還有很多優點值得消費者去發掘。

Jim 是個典型的刷卡一族，各式卡片花花綠綠的，他卻能讓它們各盡其用。而且，Jim 的信用卡組合有個特點，就是每個月的結帳日期一定互相分開。

原來，有一次 Jim 逛街時，看上了一台價格不菲的筆記型電腦，正準備刷卡購買，女友卻建議他換另一張卡消費。面對迷惑的 Jim，女友道出其中原因：原來先前 Jim 想用的信用卡，當天就是每月的結帳日，而她建議 Jim 使用的那張卡，每月的結帳日是 12 日以後。這樣，使用結帳日相對較晚的那張卡消費，可延遲還款減輕支付壓力，享受更長的免息分期。

打這以後，Jim 逐漸留意起免息分期的作用，原本為「花未來錢」而生的信用卡，在 Jim 手裡，正在擺脫作為消費工具的單一性。原來 Jim 手頭經常會有階段性大額閒置資金，如果不合理運用，實在有些浪費資源，但是如果僅作為活期存款，收益又相對太少，於是 Jim 關注起短期投資理財產品。如某銀行推出的兼具流動性和收益性的短期理財計畫，活期帳戶內餘額達到 25 萬元以上的，可享受日計畫自動理財，這種期限短，無風險的產品很適合他，另外還有諸如某些貨幣市場基金，周轉快，收益又相對穩定，對資金調動很有作用。

當然 Jim 偶爾也有手頭吃緊時，這時免息分期的意義就更大了。如果採用最低應繳金額還款，只要沒有全額還清欠款，他便不能享受這張卡的免息分期待遇了，之後所有消費都要計付利息。因此，每到這時 Jim 就會選擇使用另一張可享受免息分期待遇的信用卡來幫他渡過難關。

Jim 利用信用卡免息貸款做起了投資，阿寶同樣發現了信用卡免息貸款的祕密，並透過它還起了房貸。

阿寶畢業於城市的大學，畢業後很多同學紛紛離開該城市，阿寶憑藉父親支援的 80 萬元在城市選擇了購屋分期貸款。「當時，每月高達 35,000 元的銀行還貸壓力足以讓人崩潰，我甚至一度想棄這裡而去。」阿寶回憶說。但是一次意外的銀行信用卡推薦活動讓他看到了新的希望。回去後，阿寶和女朋友兩人辦了 5 張不同信用額度的信用卡。「我發現把不同信用卡的結帳日期和繳款日期分開之後，幾乎天天都可以享受高達數萬元的銀行免息貸款。」阿寶想辦法說，具體做法是，盡可能在銀行結帳日開始消費，比如 A 銀行信用卡繳款日為每月 15 日，而

結帳日是 10 日，則選擇在 11 日開始消費，避開結帳日期，延長一個月還款時間。事實上，現今所有銀行信用卡的結帳日和繳款日繳款日都不盡相同，無形中便創造出了巧妙的無償「借用」銀行資金消費、拿每月薪資去還房貸的操作空間。目前阿寶住在屬於自己的三十三坪的公寓裡。十多年後還購買了第二間套房，經過精心裝潢後的第二間套房每月可以收取房租 12,000 元。負債 350 萬元套房分期貸款的阿寶絲毫不覺得自己負債累累。阿寶開心的說，沒有想到用信用卡玩「接力」居然潛藏著如此巨大的商業機會。

許多持卡人一邊痛苦的當著房奴，一邊茫然的把信用卡僅僅當做一種普通的支付工具，像 Jim 和阿寶這樣利用信用卡賺錢的還在少數。現在，信用卡已完全深入的融入我們的生活，別再把你的信用卡僅僅當成一種應急工具。當然，信用卡消費一定要理性，可支付最低應繳金額不等於有能力償還債務，切不可盲目加重還款壓力。

★ 理財小叮嚀：信用卡的還款方式

在還款方法上，目前銀行對持卡人到期繳款日未全額繳款的計息有兩種：一種是持卡人在繳款日到期之前，已還款額高於當期帳單的最低應繳金額部分，可享受免息，持卡人僅支付未償還款額的透支利息；另一種是截至期繳款日，持卡人雖高於當期帳單的最低應繳金額還款，但只要其沒有全額繳款，就需支付透支使用銀行款項全額的利息，即已還款的部分仍需要支付透支利息。

不要辦理多張信用卡

我們提倡利用信用卡自身的優勢幫助我們理財，也鼓勵大家利用多張信用卡循環還款。但是，凡事有個度，辦理信用卡也要有度，不應同時辦理過多。一些持有多家銀行多張信用卡的持卡人，其實際可使用的信用額度遠超出還款能力，這將直接導致持卡人在發生大量透支後無力還款，透支款無法及時收回，銀行資金面臨損失風險。

【個案一】

小鄭在某公司上班，近年來薪資收入水漲船高。她的薪資帳號 A 銀行的，隨後申請了一張 A 銀行 MasterCard 普通卡。A 銀行除了郵寄 MasterCard 普通卡外，還寄來旅遊信用卡和百貨聯名卡，而這兩張卡並未在申請範圍內。

之後，小鄭又陸續擁有了商務卡等多張信用卡，她在申請 B 銀行聯名卡的時候，同樣被「贈送」了一張 VISA 奧運卡及其附屬卡，信用卡總數量達到 10 張。

為此，小鄭感覺很冤枉：「有的卡並不是自己主動去申請的，銀行會自動送上門來。加上自己的自制能力本來就差，卡越多越容易控制不住消費，每次刷卡時沒感覺，還款時才覺得錢不夠用，有時還要向同事借錢。因此，後來的 B 銀行的 VISA 奧運卡及附屬卡就沒開通了。可是儘管有幾張卡從來沒有派上

過用場，但是日常開支還是在暴增。」

【個案二】

何小姐是某公司普通職員，收入處中低等，平時有刷卡消費的習慣。何小姐一共擁有 7 張信用卡，分別是奧運卡、真情卡、商旅金卡等。在何小姐看來，用信用卡消費可以不必帶現金，想刷就刷，用網銀轉帳還款也很快捷。

何小姐平時常用的主要有 3 張卡，因為申請信用卡時都有禮物相贈，何小姐另外那 4 張卡完全是衝著禮物去的，而實際上這張卡的額度只有 30,000 元，購買大商品時根本不夠用。大部分卡僅在有打折優惠時偶爾刷上幾次，以便累積積分及免年費，避免多餘的年費損失。儘管如此，還是有一次因為記錯了刷卡的次數，使得其中的一張卡沒有刷夠免年費的次數，而支付了一年的年費。

從以上兩個個案中我們可以看出，辦理多張信用卡除了方便外，更重要的是還隱藏著風險。不但會使個人的消費陷入無節制之中，還會使銀行受到「牽連」。具體來說，辦理多張信用卡容易引發以下五大隱憂。

無節制消費

一人擁有多家銀行的卡，意味著可透支消費的額度增加了，對於消費欲望強烈，自控能力又差的人，很容易無計畫刷卡，一旦看到長長的對帳單，才感到後悔。

規避方法：持卡人應做到理性消費，由於信用卡的信用額度不是永久性的，可以嘗試主動調低自己的日常信用額度，控制自己的消費金額。另外，對於既收取年費，用途又不大的信用卡，可以考慮及時註銷。

信用紀錄「不良紀錄」

由於每張信用卡的還款期不同，對於持有多張信用卡的人來說，如何牢記信用卡繳款日及時還款，成為令許多持有多張信用卡的人頭痛的一件事。據悉，信用卡透支消費雖然有免息分期的期限，但是一旦超過免息分期的期限，便要支付每天萬分之五的滯納金，凡是延遲還款的持卡人，都將在個人徵信紀錄中有所紀錄，嚴重欠款還將影響到個人申辦其他信用卡以及房貸等其他貸款。

催生「睡眠卡」

通常來說，對於擁有多張信用卡的消費者，他們經常使用的信用卡不過 2 ～ 3 張，還有的僅僅是為了免繳年費，完成最低免年費刷卡次數。其餘時間卡片則處於睡眠狀態。大量「睡眠卡」的滋生有多種原因，第一，由於信用卡數量較多，導致一些卡的用途的確不大；第二，沒有養成刷卡消費的習慣，信用卡並不是自己主動申請或辦卡的主要目的不是消費，而是衝著禮物或收藏而來；第三，卡片太多不便攜帶也使部分人索性將其放在家中「休眠」。

規避方法：持卡人應根據自己的消費需求理性辦卡，對於用途不大的卡片應能抵得住「禮品的誘惑」。

不便保管易遺失

卡片遺失或被盜刷的現象頻頻發生，由於有的信用卡沒有密碼只認簽名，遺失後很容易被人模仿簽名惡意盜刷。一般來說，信用卡被盜刷後涉及到的有店家、持卡人、銀行三方面。持卡人有妥善保管信用卡的責任，店家有核對簽名的責任，部分銀行有掛失前 24 小時或 48 小時遺失卡保障的承諾，盜刷後該由誰買單則根據各方在盜刷過程中是否盡到相關責任。對於一人多卡來說，由於額度較高，一旦遺失被盜刷後的損失會很大。

規避方法：持卡人信用卡遺失後應及時電話掛失，選擇信用卡消費與簡訊綁定也是不錯的選擇，一旦有消費發生，持卡人可收到簡訊提醒，及時掛失減少損失。另外，如果卡片太多，建議僅將常用的卡片隨身攜帶。

偽造身分證詐騙

信用卡的氾濫不僅給持卡人帶來了麻煩，也給不法分子帶來了可趁之機，使得偽造身分證進行信用卡詐騙的案件激增。由於對個人資訊保護意識不強，部分人在辦理信用卡、招聘等需要出示個人資訊的過程中，造成資料外泄，不法分子將信用卡號、身分證號碼、姓名等資料記下來，然後偽造身分證辦卡詐騙。部分不良業務員甚至將客戶資料出售，由不法分子再辦其他銀行的卡。

規避方法：持卡人要妥善保管個人身分資訊，在申辦信用卡時最好注有「此資料僅限於辦理某銀行信用卡」等字眼，並進行簽名，防止資料外泄。否則一旦被他人盜用身分證資訊辦卡並惡意透支，將會在央行徵信系統中產生個人不良紀錄，影響到自己今後辦卡和其他貸款，白白為不法分子「買單」。

★ 理財小叮嚀：信用卡的簽名很重要

據悉，以簽名作為信用卡的消費憑證是國際銀行業的主流，使用簽名、核對簽名的責任在店家；使用密碼、保管密碼的責任則在持卡人身上，信用卡交易一旦以密碼確認，將視同本人交易，即使有被盜用損失也可能由持卡人承擔。

結合自身情況選擇御璽卡

在過去很長一段時間，御璽卡都是一個人財富的象徵。御璽卡是一種擁有高額度、高品質、高年費的高級產品，在日益受到高端客戶歡迎的同時，也給發卡銀行創造了豐厚的利潤。御璽卡個個標榜「尊貴」，在信用、額度、服務和年費等方面存在著不盡相同的特點。

御璽卡的額度

御璽卡以為客戶提供高額度著稱，與普通金卡最高 10 萬元

的信用額度不同，御璽卡持卡人一般可以輕鬆獲得 10 萬元以上的貸款額度。除此之外，有些御璽卡還可以調整信用額度，在提供一定擔保基礎上，可臨時增加額度；而有些銀行則更為簡便、靈活，持卡人若申請臨時調額服務，透過致電客服專線即可完成。

御璽卡的年費

隨著御璽卡市場競爭的加劇，御璽卡開始主動降低身價，逐漸向「平民化」趨勢發展，小資族不用再對其望而卻步。但是，御璽卡透支額度雖高，但持卡人也要根據自身的經濟能力謹慎選擇。如果用不上數十萬元的透支額度就沒有必要申請，因為，透支額越高，就意味著風險越高，一旦遺失信用卡，被人盜刷的額度也高。

★ 理財小叮嚀：御璽卡的個別服務是要付費的

雖然使用御璽卡有很多便利，但是很多增值服務和便利都是要付費的，持卡人在選擇御璽卡的過程中，要結合自身情況加以判斷，如果銀行提供的增值服務確實適合你的需要，使用御璽卡將會讓你感到物超所值。而如果你並不需要這些服務，你所支出的年費或積分可能將會白白浪費。

避開那些消費的陷阱

人們常發現，這些店家絞盡腦汁苦心營造的促銷「賣點」，很多都是誘人上當的陷阱，每天都有很多人購買了超乎實際需求或盲目誇大功能的商品。為此，有必要提醒大家，謹防促銷陷阱。

盲點一：廣而告之

相信很多消費者都不是很喜歡廣告，但是不得不承認的是，它達到了宣傳的目的。這就是廣告的力量，不管你願意不願意，無意之間就會被它牽著鼻子走。當你購物的時候，你首選的往往是廣告中見得最多的那種品牌。當然，現在品牌多得讓人眼花撩亂，跟著廣告走一走也沒什麼不可以，然而切忌買一切商品都跟著廣告走。商品有假冒偽劣，廣告焉能沒有？現在虛假廣告盛行，很多廣告叫得很響的商品，等到消費者買回來才發覺遠不如廣告上說的那麼好。

盲點二：廠商直銷

批發購物是人們崇尚的一種新理念，於是，店家紛紛站出來以「廠商直銷」、「批發價」誘惑消費者。在消費者看來，批發消費可以省錢、省時、省力，沒有什麼不好。但是，正是因為這一特點，使很多消費者步入盲點。我們都知道，批發是需要一定數量的，一些消費者為了買到批發價格，即使不需要那麼多，也只好勉強多購，反比批發以前花的錢更多了。

盲點三：以舊換新

在舊物折價的標準上「就低不就高」，有的甚至隨意殺價，

抬高新的商品的價格。如此「以舊換新」，最後折算下來，消費者不僅沒討得便宜，反而賠了舊商品。更慘的是，有的消費者「以舊換新」竟換回了仿冒品和劣質商品。

盲點四：買一送一

正所謂「羊毛出在羊身上」、「買一贈一」、「買二贈一」的方法不過是店家引誘消費者購物的「誘餌」。一般來說，大多數都是買大送小、買多送少、買九牛送一毛，如「買一輛自行車贈送一把防盜鎖」、「買 50 元化妝品送一小袋洗髮精」……這種贈送，其實價格早已計入商品之中，但是還是有很多消費者中了圈套。

盲點五：有獎銷售

商場周邊向你免費贈送商品，登記時說你中了大獎，用不多的錢可得更多的商品，憑此券可打若干折扣……這些所謂的「中獎」不過都是店家促銷的伎倆。當你購買某商品時說你中了獎，然後需要再「連環」購買某商品，最後弄得你欲罷不能。

盲點六：讓利回報

「節日大酬賓」、「開業慶典」，是許多商場經常搞的促銷活動，但其誤導欺騙消費者的違規行為時有發生。例如：商場在「酬賓」的時候並沒有標明作為回報贈送的禮品，打著「買電視送手機」的旗號，卻不標明手機的品名、型號、數量等，還有的則規定「下限」與「上限」，例如只有購買 5,000 元以上商品時才能得到讓利，而讓利最多則有上限。

盲點七：花錢買健康

很多商品打著「健康」的廣告，但是其所謂健康的功能有限。如活性炭濾網吸附滿灰塵後作用馬上消失；負離子不但量小、易被中和，還會對家電產生干擾；光觸媒沾滿灰塵後效果更小。

從以上幾點不難看出，店家企劃的「賣點」越精彩，消費者涉足的盲點也就越多。很多人省吃儉用，好不容易存錢，希望以此應對來日之需，但是往往稍不留神，便在中了奸商的圈套，白白的給他們拱手送錢。因此，消費者要不斷強化自我保護意識，在購物消費時充分使用知情權，多一些了解，多一些理智，千萬不要把陷阱當餡餅，白花了錢財還給自己帶來了麻煩。

第 6 章
孩子是小資族最大的投資

教育理財宜早不宜遲

只要孩子將來有出息，他們再多的付出也是值得的，所以從來不會在孩子的花費上計較什麼。但是由於經濟危機的影響，物價年復一年的上漲，家長存子女教育經費的壓力陡增，怎樣聰明儲備教育基金成為多數家長所關心的問題。對於一個普通的小資家庭，如果能為孩子準備一個好的教育理財計畫，將對孩子未來的教育達到事半功倍的效果。

首先，在少兒教育金儲備階段，一定要保本安全投資，不能用高風險的金融產品進行規劃。教育投資一個重要的原則是求穩定、安全，不能一味追求收益，教育理財的規劃應占一個家庭總收入的 15% 為宜。在教育金儲備的起步階段，父母因為年齡、收入及支出等因素的影響，風險承受能力較強，在這個時候可以充分利用時間優勢，以長期投資為主。

為了投資安全保險，可以將理財的目光投向保險市場，就目前的情況而言，萬能型的保險產品比較適合家庭做教育理財規劃。

另外，教育理財由於時間性、持續性和分散性的特點，不同階段開始理財會產生不同的理財結果。教育理財規劃宜早不宜遲，還沒有進行教育投資規劃的家庭應該及早為孩子的將來做打算。

★ 理財小叮嚀：家長應儘早為孩子制定教育理財計畫

隨著現在教育費用所占家庭費用比重的增大，家庭的經濟狀況會決定孩子接受教育的品質，因此，家長應儘早為孩子制定教育理財計畫，在保證孩子小學到大學基本教育的基礎上，結合不同的教育理財方式提高金額，再去滿足更高的教育需求。這樣，不但孩子未來的成長無憂，家庭生活也可以更加井然有序。

多種方法應對撫育成本的增加

所謂「望子成龍，望女成鳳」，讓自己的孩子接受良好的教育是每一位父母的心頭大事。面對如此高昂的撫育成本，如何科學存教育基金成為多數家長所關心的問題。理財專家建議，為孩子存教育資金，教育儲蓄＋教育保險＋基金定期定額的投資組合是個不錯的選擇。

基金定期定額

基金定期定額作為一種教育理財方式，門檻低、穩健、自動扣款、分散風險的特點，比較適合教育理財。所謂基金定期定額，是指在固定的時間以固定的金額投資到指定的開放式基金中，類似於銀行的零存整付方式。所謂基金定期定額，是指在一定的投資期間內，投資人以固定時間、固定金額申購某檔基金產品的業務。基金管理公司接受投資人的基金定期定額申購業務申請後，根據投資人的要求在某一固定期限（以月為最小單位）從投資人指定的資金帳戶內扣劃固定的申購款項，從而完成基金購買行為。比較類似於銀行的零存整付方式。

一般來說，基金定期定額比較適合於為孩子儲備教育資金的小資家庭。很多小資族的薪資所得在應付完日常生活開銷後，結餘金額往往不多，這種小額的定期定額投資方式最為適合。這種投資方式不但不會造成自己日常經濟上的負擔，更能讓每月的小錢在未來輕鬆演變成大錢。

與此相對應的是一次性投資，也就是在某一時點一次性的購買基金的行為。應該說，這兩種投資方式各有所長。一般來說，單筆投資需要一次投入較多的資金，買入時機的選擇會對收益率產生較大的影響。因此，單筆投資者需要對市場狀況進行分析，並能承受較高的風險。而定期定額投資，因為資金是分期小量進場，價格低時，買入份額較多，價格高時，買入份額較少。可以有效降低風險，對於無暇研究市場及精確把握進場時點的投資人來說，是一種比較合適的中長期投資方式。

基金定期定額的複利效果長期可觀。「定投計畫」收益為複利效應，本金所產生的利息加入本金繼續衍生收益，透過利滾利的效果，隨著時間的推移，複利效果越明顯。定投的複利效果需要較長時間才能充分展現，因此不宜因市場短線波動而隨便終止。只要長線前景佳，市場短期下跌反而是累積更多便宜單位數的時機，一旦市場反彈，長期累積的單位數就可以

一次獲利。

基金定期定額的年收益基本在8%至10%左右，這個收益率完全能夠抵抗通貨膨脹率。而且這種「定投計畫」避免了人為的主觀判斷，不必在乎進場時點，也不必在意市場價格，無需為股市短期波動改變長期投資決策。等到10年以後，孩子成年，可以解決一筆不小的教育費用、婚嫁費用甚至創業費用。

★ 理財小叮嚀：辦理教育儲蓄的注意事項

首先，對象為學生，帳戶到期領取時，孩子必須處於非義務教育階段；其次，存款到期領取時必須提供接受非義務教育的身分證明，才可享受整存整付利率並免徵儲蓄存款利息所得稅；如果提前領取必須全額領取，如果逾期領取，其超過原定存期的部分將按領取日活期儲蓄存款利率計付利息。

家庭教育投資的良性判斷

讓孩子接受良好的教育已經成為很多深知教育價值的父母的共識，越來越多的家長意識到投資家庭教育就等於在投資孩子未來的發展機會，這種收益是股票、債券等其他投資手段無法比擬的。

教育消費節節攀升

孩子的教育問題一直是父母最為關注的問題，為了能讓孩子考上大學，接受更高的教育，望子成龍的父母不惜付出一切代價。30年前受教育是一種光榮，30年後受教育變成一種切切實實的消費。

在西方發達國家，孩子一旦到了18歲就獨立了，18歲以後的大部分開銷，包括大學階段的大部分費用是不應該再由學生家長承擔，而是靠自己克勤克儉收入和各種社會團體基金共同解決。而在亞洲，在孩子走入社會、直至經濟完全獨立之前，大部分開支仍由家庭負擔。

投資收益率高

說到如此之高的教育投資是否有利於孩子自身的發展，相信沒有哪個父母會給出否定答案。從總體經濟的角度看，教育產業化吸收了大量的銀行存款，同時為GDP的成長作出了巨大貢獻。從個體個體家庭的角度看，儲蓄轉化為教育投資無疑是理性的選擇。

諾貝爾經濟學獎獲得者莫迪格里安尼曾經發表過著名的「生命週期、個人節儉與國民財富」的演講，精闢的概括了人的收入與生命週期的關係。人在20歲到50歲之間，處於事業上升期，收入呈上升趨勢，50歲後開始下降，但是消費在人的生命週期中是基本不變的，一旦在生命週期中加入對孩子的教育投資，消費將和收入的遞增吻合，在父母的收入開始遞減後，對孩子的教育投資開始獲得回報。所以，對於一個家庭而言，進行教育投資，是符合其長遠和整體利益的。

從下面的表格我們也不難看出教育投資的收益率是遠遠高

於長期儲蓄的利率、也高於其他金融投資年收益率的。

世界各國平均教育社會收益率和個人收益率

項目	社會收益率	個人收益率
初等教育	25.1%	16.7%
中等教育	13.5%	16.3%
高等教育	11.3%	17.5%

家庭理財提供資金

只要是投資，就一定會存在風險，教育投資也不例外。據教育部門的有關人員介紹，教育投資最大的風險表現在兩個方面：一是對孩子投資的結果未必能達到理想的預期；二是投資決策不考慮社會和孩子的切身需求，一味跟風，由此形成家長在教育投資上的預期和實際結果的差距。

由於教育投資的長期性和必要性，使它已經成為家庭理財的重要內容。那麼，錢從哪裡來呢？專家推薦了以下幾種理財工具。

可以選擇助學貸款，據悉，國家助學貸款受到了學生的普遍青睞。這是由於國家助學貸款屬於信用貸款。依靠國家助學貸款，在高等教育校學生中占有一定比例的貧困生，避免了失學、輟學的不幸。還有的學生依靠教育助學貸款購買電腦、智慧型手機，甚至用來炒股。在他們看來，自己工作後完全有能力償還這筆貸款，不但可以減輕父母的負擔，還可以掌握一筆流動資金進行小額投資。

有些保險公司推出了教育基金類險種。例如某公司的會計張女士，兩年前給孩子買了教育金兩全保險。每月固定小額繳納，等到孩子上大學的時候，就可以領到保險金了。張女士說，孩子上小學、中學的時候自己還年輕，精力充沛，收入穩定，擔負孩子教育費用不成問題。但是等到孩子上了高中，要考大學的時候，自己已經 40 歲了，很難保證能有足夠的經濟能力栽培孩子。因此，現在每月拿出一點錢，積少成多，按月交費，就可以把未來最重要的一項開支有步驟、有計畫準備好。

避免教育投資的盲點

現實中，很多家長自身的家庭教育投資觀念沒有隨著社會的變化和子女發展而進行及時更新，致使在進行子女教育投資時進入許多盲點，這些盲點主要有：

多花錢給孩子請家教、上補習班，就能開發智力，提高學業成績

現在給孩子請家教、讓孩子上補習班，是種非常普遍的現象。特別是在升學考試前期，家長們更是國語、數學、英文，應試教育一門也不能少，為了讓孩子全方位發展，音樂、藝術、學電腦一樣也不能放鬆。例如某師大附小五年級的學生陳甯數學學得不錯，被選拔上參加圖書館舉辦的奧數班，每週六上午要趕到南京西路去學數學；作文寫得稍微有點差，因此下午要從南京西路趕回學校上作文班。到了週末同樣沒有空閒，

上午得去老師家學彈鋼琴，下午請了家教學英文。

且不說如此之多的學習班給孩子帶來多大的壓力，僅從請家教的花費上來看，一般中小學生聘請家庭教師，參加補習班、才藝班學習，平均每戶支出數千數萬元。問題的根源在於這類投資不僅僅是金錢的付出，而且使孩子們疲於奔命，能有多少收益呢？

某科技大學附屬中學高級教師歐陽老師認為，家教和補習班的教學效果都是很差的。家教可能會一時性的提高學生的學業成績，但是卻助長了學生的依賴性，對其長遠的成長並不利；補習班由於教師與學生的關係是鬆散型的，教師缺乏權威和約束力，而學生基本都是奉父母之命來學習的，完全缺乏主動性，再加疲倦，學習效果相當之差。調查結果也反映，對孩子參加補習班、才藝班的實效：家長認為「不知道」的占63%；認為「有很大效果」占6.6%；認為「有一點效果」占14.5%。而對請家庭教師的實效：家長認為「不知道」的占3.3%，認為「效果不大」占79.4%，認為「有一點效果」占14.5%，認為「有很大效果」的占2.8%。可見此類投資多屬盲目投資、無效投資，而且由於容易造成孩子的厭學情緒，可能不僅是一種虧損性投資，而且是一種有害投資。

不惜一切代價讓孩子上明星學校

教育專家提醒廣大父母，孩子的智商和學習能力並不是能用錢買到的，人的天賦是有差別的。分數基本是評判學生智力和學習能力的簡單標準。最適合孩子的學校就是最好的學校，最適合孩子的教育就是最好的教育。家長對於孩子的智商和能力應有一個理性的判斷，不要去追求遠遠超越孩子能力的精英教育、天才教育、高學歷教育，否則血本無歸的不僅僅是金錢，還可能是孩子的一生。曾經有大學就發生了大學生和研究生因為多門課程考試不及格，同時家庭經濟困難，對前途悲觀絕望而走上了不歸路的慘劇。

一定要上熱門科系

在進行家庭教育投資時，消費者還普遍存在著過度追求熱門科系的情況。例如早年，資訊相關系所人才緊缺，於是，技職學校紛紛開設電腦相關科系，學生也把報考這一科系作為首選。當時很少有人考慮到若干年以後，形勢會發生根本性的變化。目前根據就業市場傳來的消息，資訊人才市場已飽和，已經處於供大於求的狀態，對一個沒有工作經驗的資工畢業生來說，得到一份理想的工作已非易事。

最近幾年，隨著國民經濟市場化加快，市場行銷系又成為人們追逐的寵兒，許多家長不考慮子女的客觀條件和興趣志向，透過關係、走後門，或以金錢為代價，以擠進大學市場行銷系為榮。殊不知市場行銷系的學習研究要求學生具備扎實的邏輯思維，專業的數學方法以及應用數學能力。據一所綜合性大學的統計，市場行銷系的學生淘汰率是最高的。所以不顧自身條件，盲目追求熱門科系，造成家庭教育投資失誤，不僅損

失金錢，還會給孩子的心理造成損害。

學歷越高越好，證書越多越俏

隨著就業形勢，近幾十年來出現了考研究所熱潮。有的大學畢業生當年未考取，第二年、第三年繼續再考，大有不考取便不甘休之勢。這種教育高投資除了不顧自己的能力、個性是否適合從事研究性工作，所耗費的隱性成本和機會成本也是相當高昂。即便最後如願以償，考取了研究生，但從經濟的角度來看，其收益可能遠遠不能補償所費成本，高投資未必有高回報。

與盲目追求高學歷相似的另外一種情況是盲目追求多考證書。在企業擔任出納的王靜，她除了考取最基本的會計證書以外，還在攻讀經濟管理的大專文憑，同時參加法律系（大專）的自學考，還花了幾十萬攻讀 MBA，令人難以置信的是她同時還在備考護士證照。這種重複投資，除了耗費大量的金錢，還損害了她的身體健康。在考護士證照的前夕，她終於病倒了。

出國留學是成才的捷徑

現在留學越來越趨於低齡化。一些孩子還沒有高中畢業就被父母送出了國外。根據調查，留學費用大多在一年數十萬至百萬不等，很多家長就這樣把省吃儉用積蓄多年的錢毫不吝惜的花在孩子留學上。很多望子成龍的家長認為，讓孩子出國讀書，可以避免考試的競爭，還可以自由的選擇一些專業，學好一門外語，將來就業可以更有競爭力。

這些家長不惜血本把孩子早早送去國外留學，是否能獲得應有的回報呢？尤其對於那些在學校學習不夠出色，競爭力較差的學生來說，初到一個陌生的環境，又有語言的障礙，在學業上如何能夠應付？又能學到多少本領？

因此，家長在送孩子出國留學前應該預先考慮到兩種風險：一種風險是在留學市場上存在著嚴重的資訊不對稱，消費者對於辦學機構的辦學品質良莠難辨；另一種風險是對於人生觀尚未成熟的低齡學生來說所面臨的生活、環境的巨大風險。冷靜思考一下，再決定要不要把寶貝孩子送出國。

★ 理財小叮嚀：與其多考證，不如多參加職訓

與其考一堆互不相關的證書，不如專心參加某一行業的專業職訓班。這一點既是對孩子而言的，也是對孩子的父母來說的。讓孩子盲目考取各種證書，容易使孩子分散對某一事物的注意力，知識學得散而不精；對於孩子的父母來說，盲目考取各種證實，只能算得上是沒有找到自己職業發展方向的表現。

小資家庭如何理財供大學生才省點力

我們前面多次提到，目前供一個大學生四年的費用是一筆不小的資金。對於普通小資家庭而言，要怎樣理財才能做到供養孩子讀大學不吃力？有關專家表示，提前謀劃很重要，但關鍵還要改變「賺利息」這種被小資家庭普遍採用的消極型

理財思路。

「賺利息」不適用

如今對於普通的小資族家庭而言，有個孩子上大學，家裡就有了沉重的經濟負擔。大學的資金投入以及畢業後找工作的費用，對於小資族家庭來說將會是一筆不少的資金支出。因此，家長需要提早準備，精心謀劃，才能確保資金的充裕。

銀行人士透露，目前一般小資族家庭，主要選擇將大部分資金放在銀行存定期獲取利息收入，有些家庭可能在存定期的同時購買國債獲取相對較高的收益率，但投資存款或國債的收益率與每年大學學費成長速度相比，無疑是杯水車薪。因此，理財專家建議你，作為小資族家庭，首先應改變「賺利息」的理財思路，並在理專的幫助下，制定中長期的家庭理財計畫。其次，人到中年，家庭已經擁有一定資金累積，風險承受能力相對較強，理財思路不妨變得激進一些，更多的選擇一些收益率與風險更高的理財產品。同時，考慮到孩子在接受教育期間，支出一般較為穩定，家庭除每月固定準備一部分資金作為孩子的教育和日常生活支出外，其他資金盡量拿來投資。

記帳也能生錢

小資族培養一個大學生的計畫必須提前謀劃，為此，理財專家提出了幾點理財建議：

首先，要養成家庭記帳的好習慣。一般家庭認為，記帳產生不了經濟效益。其實不然，清楚的記錄每個月的支出和收入，可以更好了解到資金的去向，以便於重新審視全家的消費習慣，考慮刪減不必要的開支，畢竟節省一筆開支比賺取一份收入要容易的多。據了解，市面上有許多家庭記帳本，每項收入和支出的明細都排列得十分詳盡，簡單好用。此外，還可以在智慧型手機下載 APP 或電腦上透過家庭記帳軟體來記錄，同樣方便快捷。

其次，可以適當投資部分理財產品。一般適合小資家庭的投資品種有貨幣型基金、銀行發行的理財產品，以及基金定期定投。短期資金可選擇投資理財產品，一般為一個月、三個月和九個月，同時還可選擇債券基金或進行基金定期定額。小資族家庭可以根據自身的財務狀況構建一個穩健的投資組合，例如按照 3 ： 5 ： 2 的比例投資於貨幣型基金、債券基金和平衡型基金，收入寬裕的家庭還可適當調整增加股票型基金和指數型基金。基金定期定額是一種非常有效的中長期投資方式，如果每月買入定額的基金，假如按 8% 的平均年收益率計算，5 年或 10 年之後將會是一筆不小的資金。

最後，要建立一整套家庭理財計畫。孩子念大學、參加工作、買房、結婚，做父母的總會幫著準備一定的資金。為此，家庭要建立一個家庭理財計畫，將「大項目」所需費用按重要程度排列，安排落實的期限，將錢用在刀刃上。對於小資族家庭，由於收入有限，實現全部理財目標有一定難度，因此應盡

可能的開源節流，發揮每一分錢的效用。

★ **理財小叮嚀：讓孩子也記帳**

「再苦不能苦孩子」似乎成了千萬個家庭的共同信念。父母辛辛苦苦給孩子存教育經費，可孩子常常覺得這是理所當然的事。從某種意義上說，成功教育孩子不僅僅指把孩子培養成大學生，更重要的是讓孩子擁有健全的人格。因此，讓孩子也學會記帳也是很有必要的，讓他們在這個過程中體會一下父母的辛苦，也為自己今後的消費做一個合理的規劃。

從小培養孩子的理財觀

都說「別讓孩子輸在起跑線了」，不要以為這句話專指孩子的學業成績。其實，在當前的經濟社會裡，只有智商、情商和財商都高的孩子，才能贏得自己的精彩人生。而從小培養孩子的理財觀念，在孩子的每一步成長過程中都進行有規劃的理財教育，更是新一代父母的必要選擇。

孔子曾經說過「倉廩足而知禮節」，理財也是一樣，只有擁有了「財」，才能「理」。在物質匱乏的年代，人們幾乎不需要理財知識，主要是透過勤儉節省把基本生活安頓好。也正因社會發展和時代的原因，大部分成年人普遍缺乏理財意識。但如今的社會發展了，對於在經濟社會裡成長的孩子們來說，從小就要和錢打交道，財富將是他們人生中必須面對的主題之一。可以說，社會的發展「迫使」他們不得不具備一定的理財知識，也只有學會了立場，才能將生活調理得更精彩。這堂「人生必修課」從何時開始，也將決定著孩子一生的財商軌跡。

兒童理財教育刻不容緩

有些人在成年之後，能妥善處理和錢的關係，知道怎麼賺錢，怎麼花錢，怎麼借錢，也知道要嚴格控制合理的負債比例。可有些人在成年之後，且不要說讓他理多大的財，有時稍微賺得多一點，或者茫然不知所措，或者驕傲自滿，那點「小錢」不是一味揮霍就是一味節省。

同齡的年輕人之所以會產生如此大的差異，就是因為在他們從小成長的過程中，父母沒有能夠給予他們接觸錢、自主支配錢的機會和經驗。大部分父母都認為，孩子只要學習好就行了，其他事情都可以商量甚至放縱，其中包括孩子的一切花費，全由父親或母親代為處理，或是孩子要多少錢就給多少錢沒有一點使用上的引導。如此一來，孩子對於錢的多少根本沒有概念，進入社會初期還是如此；或者因為揮霍無度習慣了，對於賺錢的辛苦無法理解，進而可能因此影響自己的擇業觀和人生觀。

根據消息，英國包括抵押、個人貸款和信用卡消費等在內的個人債務總額每 4 分鐘就增加 100 萬英鎊（約 3,800 萬新台幣），每 7 分鐘就有一個英國人因債務纏身，無法解脫而破產，已經有 200 萬多人負債嚴重，處於終生還債狀態。英國媒體在檢討此事時說：「越來越多的成年人陷入經濟困境，這更提醒我

們，兒童時期的理財教育非常重要。」

美國父母更是知曉這個道理，他們希望孩子早早就懂得自立、勤奮與金錢的關係，把理財教育稱之為「從 3 歲開始實現的幸福人生計畫」。美國每年大約有 300 萬中小學生在外打工，他們有一句口頭禪：「要花錢去打工！」

日本人在教育孩子方面也比較理性，他們有一句名言：「除了陽光和空氣是大自然賜予的，其他一切都要透過勞動獲得。」很多日本學生在課餘時間都要在校外打工賺錢。所以，我們的家長朋友也不要羞於和孩子談「錢」。孩子走上社會以後，獨立成家以後，必然要和「錢」打交道。

儘管孩子們的學校教育和課本中沒有「理財」這一課，但是作為家長，為了孩子的未來，有責任儘早為孩子補上這一課。

因地制宜，因材施教

在學習國外的財商教材中，常有這樣的案例：國外幾歲大的小孩就會將自己用不到的玩具小熊擺在家門口，放一塊「Sale」（出售）的牌子，也許他並不懂得其中的道理，但是他明白別人要想拿走小熊就要付錢給他，而自己得以獲得一點收入。這樣的方式在亞洲大部分孩子眼中是很難實現的。因為對於把東西放在家門口銷售也不太實際。

因此，兒童的理財教育不能照搬國外的經驗，或照搬某個案例的經驗。最好能夠針對家庭的成員結構和經濟狀況、社區和居住環境的狀況等因素，進行有針對性的、有意識的指導，在別人的經驗基礎上進行一定的改進，轉為己用。

在孩子的理財教育中，因材施教也很重要，其中最主要是根據孩子年齡的大小來進行安排，否則超過了孩子某一年齡層應有的接受度，極可能扭曲為「揠苗助長」，得不償失。例如：讓上幼兒園的小朋友自己出去「打工」賺錢，顯然缺乏一定的安全性，也幾乎沒有實現的可能性，也不符合法令，對於幼兒園的小朋友不如先教他學會辨認錢的大小。又比如：前面講到的美國兒童賣二手玩具的案例，我們的家長就可以在孩子進入高中或大學後，有意識的告訴孩子，透過網路「易物」或在網路跳蚤市場中拍賣自己閒置的二手物品，也能獲得一定的收入。

英國教育部門現在就針對不同年齡階段的孩子提出不同的理財教育要求：5 歲至 7 歲的兒童要懂得錢的不同來源，並懂得錢可以用於多種目的；7 歲至 11 歲的兒童要學習管理自己的錢，認識到儲蓄對於滿足未來需求的作用；11 歲至 14 歲的學生要懂得人們的花費和儲蓄受哪些因素影響，懂得如何提高個人理財能力；14 歲至 16 歲的學生要學習使用一些金融工具和服務，包括如何進行預算、儲蓄和初步的投資。

別讓孩子「金錢至上」

雖然我們說要重視孩子的理財教育，但家長們千萬要記住，對孩子從小進行理財教育，目的在於培養孩子的理財意識和理財能力，但絕不是讓孩子淪為金錢的奴隸，千萬不能讓孩子形成「金錢至上」的意識。

這可能也是家長在對孩子進行理財教育中無意間可能犯下的錯誤，為此，一定要有意識把握好「度」的問題。比如：逢年過節，家裡的老人總要給孩子們一些紅包，數目較大的主要是過年分到的「壓歲錢」。家長們當然可以教育孩子，把每年收到的壓歲錢，包括平時的零用錢存在小朋友自己名下的帳戶裡，讓孩子懂得錢放在家裡不會「長大」，但存到銀行可以變多一些，也就是取得利息收入，讓錢自己去生錢。

可是，當孩子們看到自己存款帳戶的數字越變越大，如果家長發現自己的孩子為此著了迷（有些小朋友可能總會催著媽媽看存摺數字有沒有變化），那就應該稍微調整一下孩子的心態。比如：在爺爺奶奶外公外婆生病時，告訴孩子也要盡一份孝心，問問孩子是否能夠把自己存摺裡的錢取出一小部分，買點水果給親愛的家人？如此，一方面是培養孩子對於親人的感情，一方面也是教育孩子錢能用來買東西，錢能幫助生病的家人，不僅不會讓孩子偏執的關注自己資產的成長，還能增加孩子的情商和財商。

又比如：現在很多家長都在談「股」論「金」，甚至有些幼兒園和小學裡的孩子都會說股票代號，知道父母在投資哪個股票，還懵懂的互相「交流經驗」。但我們認為，股票是一種複雜的投資工具，至少要國中以上的孩子才能初步理解，作為家長盡量不要當著孩子的面為股票上的得失而爭吵。

學測曾經出現一對母子的對話，考試前一天，正在看書複習的兒子聽到母親的手機又響了，是媽媽炒股的朋友來的電話，告訴他母親一開盤又是全面跌停，心急如焚的母親讓兒子趕快放下課本，幫他開電腦看看股價。兒子有些火了：「到底是我重要，還是股票重要？你還讓不讓我安心看書了？！」

因此，我們從小培養孩子的理財觀念很重要，讓孩子懂得「錢」的不可缺性，錢能「美化」生活，但別讓孩子以為生活裡最重要的就是錢，別讓孩子以為炒股票比學習、工作都更重要！因為金錢只是一種生活的工具，而不是人們生活的最終目標。

★ 理財小叮嚀：訓練孩子自己儲蓄

為孩子在銀行開設一個帳戶，和孩子協商，如果是學費、教材費用或是全家一起的花費，就由父母出錢，如果是自己想買的玩具、朋友的生日禮物等較大的支出，必須從自己的帳戶提款，這樣孩子才會對自己的財富開始關注。當然我們不會希望將孩子變成一部存錢機器。知道何時將錢放進存錢筒是重要的，不過知道何時將錢取出來同樣重要。

對孩子亂花錢要「對症下藥」

「勤儉節省」是優良的傳統美德，但是，現在的孩子身上，好像很難找到這種美德的影子，孩子亂花錢成了不少家長的頭痛事。怎樣才能幫助孩子改掉亂花錢的毛病呢？在這裡，請一些高明的父母們教我們幾招。

【個案一】父子「合資」買電腦

我兒子今年 7 歲，是個在溺愛中長大的孩子。我不是很嬌慣孩子，可由於我們夫妻工作忙，他基本跟著我父母長大。直到 5 歲才跟我們一起住，是個典型的「小皇帝」。

在我父母那裡兒子是要風得風，要雨得雨，十分任性。有時，看到他要這要那亂花錢，我想管，可母親總拿眼睛狠狠的瞪我。一次，我忍無可忍，打了兒子一下，兒子大哭起來，躺在地上不起來。我又要打，老父親怒氣沖沖的從屋裡出來：「你個混蛋，沒本事就會打孩子，孩子這麼小，虧你下得了手。」一邊罵我一邊哄他的寶貝孫子，我怕父親生氣只好罷手。

從此以後，兒子更肆無忌憚了，今天要模型小飛機，明天要大頭娃娃，一個月下來少說也得幾千塊。我是做教育工作的，我知道再不想辦法。後果將不堪設想。

一天，兒子竟纏著我父親給他買電腦，說跟他玩的小明家就有，小明還會用電腦畫畫呢！我剛要發火，轉念一想，何不將計就計？我馬上喜笑顏開。

晚上，我來到兒子房間。「晨晨，你不是要買電腦嗎，爸爸支持你。」「真的？」兒子瞪著一雙懷疑的眼睛問我。我鄭重點了一下頭。兒子高興的叫起來。「不過。爸爸有個建議，我們要合資買電腦，就是你出一半錢，我出一半錢。」兒子的眼光立馬黯淡下去，「可是我沒錢。」「可以存呀，你少吃零食，少買玩具再加上你的壓歲錢，不就解決了嗎？」兒子點了點頭。

自此以後，兒子照常各式各樣的向我們要錢。過年時兒子收到 3,000 多元壓歲錢。妻子想把錢要過來，我制止了妻子。

有一天，兒子把我拉到她的房間，高興的對我說：「爸爸，你看這些錢夠了嗎？」我面前是一小堆錢，有百元和硬幣。我數了數，一共是 4,000 多元。我遺憾告訴兒子還差得遠，兒子噘著小嘴不高興了。「不過，爸爸可以先幫你墊上一部分錢，給你買一台電腦，以後你再存錢還爸爸，好嗎？」「打勾勾！」兒子樂壞了。當然。兒子得給我一張借條，我們父子公事公辦。

買了電腦以後，兒子知道愛惜錢了。我不禁為自己的「陰謀」竊喜。

評論：在兒子已養成壞習慣的前提下，不能硬碰硬，文中的父親採取迂迴的戰術，跟兒子「合資」買電腦，讓孩子學會存錢。

【個案二】教孩子省錢不如教孩子「花錢」

我的孩子今年上三年級，每個月的零用錢經常超過 1,000 元，這對都是小資族的我們夫婦而言實在是一筆不小的開銷。為了讓孩子懂得節儉，我們費了不少口舌，但每次孩子一伸手，卻總是不忍拒絕。

「媽媽，我同學的鉛筆盒又大又漂亮，我想買一個！」

「我們學校門口有賣霜淇淋的，給我 30 塊錢，我要買來吃。」

「給我 30 塊錢，我要買同學那樣的卡通原子筆。」

這樣下去可不是辦法。我跟丈夫決定向「高人」請教。沒事我們就去書店閱讀有關教育孩子的文章。一次我看到這樣一段話：「節儉是美德。這其實就是一種理財教育，因為節儉就是一種理財觀。但同時，許多家長又刻意避免在孩子面前提到錢字，生怕過早讓孩子接觸錢而形成對金錢的錯誤認識。而在美國，對孩子的理財教育從 3 歲就已經開始；在英國，政府決定在小學就開始設置理財教育課，並隨著年齡的成長開設不同的理財教育內容，讓孩子從小就正確的對待金錢和使用金錢，並學會初步的理財知識和技能。專家建議。不妨大大方方的教育孩子：學會花錢。一味要求節省的理財教育已經明顯落後。」

我跟丈夫眼前一亮，我們何不也讓孩子「學會花錢」呢？

於是我們跟兒子達成協議：每月給他零用錢 500 元，買生活用品和零食。剩下的可以存起來，買他喜歡的東西。不過，花的錢要用本子一一記好，更不能透支。兒子非常高興，他從沒一下子從我這裡拿過那麼多錢。他舉著小手，扭著屁股連呼：「爸媽萬歲！」

可好景不常，兩週以後，兒子悶悶不樂起來。我試探著問：「怎麼了。兒子？」「媽媽，我沒錢了！」他怯怯說。「那麼多錢，都沒了？」我故意很驚訝說：「給媽媽看看你是怎麼花的。」兒子拿出他的「理財本」，遞到我手裡就低下了頭。

「QQ 糖 30 元，烤香腸 20 元，電動小飛機 99 元……呵，我們的牛牛會花錢了，帳記得還挺清楚呢！」兒子的臉更紅了。

「不過，買的好像都是吃的玩的，老師可沒說我們牛牛是愛吃鬼而說是一個愛學習的好孩子。錢沒了，沒辦法，我們可是有協議的，不過，買學習用品的錢媽媽會破例給你的，下不為例。」兒子不好意思的笑了。

又一個月過去了，兒子主動交出了本子，自豪的說：「媽媽請檢查。」練習本 15 元，自動鉛筆 30 元……總計：250 元，剩餘：250 元。

「媽媽，我想把剩餘的錢存起來，因為我想學英語。」「好呀，媽媽為你高興，我們的牛牛成了理財家了。」兒子開心的笑了。

我們的孩子，再也不亂花錢了，現在已經存了 2,400 多元，說是要自己存錢上大學。

評論：夫婦二人善於學習，透過讓孩子記帳，培養孩子的理財能力，教孩子「會花錢」。

【個案三】治一治女兒亂花錢

當 6 歲的女兒要我給她買一套價格昂貴的玩具時，我告訴她：「太貴了。」女兒可不管，硬賴在那裡不想走。我非常生氣，我知道女兒這個任性、亂花錢的毛病該治一治了。於是我告訴她，如果她現在聽話跟我回家的話，改天我們再過來買它。

女兒很不情願跟我回了家。我對她說：「你今年 6 歲了，是個小姐姐了，不能再任性了。如果你真想得到那套玩具，那你得多做些家事才行。你生日快到了，我們也會給你更多的零用

錢，你自己存錢很快就可以擁有它。」

於是女兒請我給她買了一個存錢筒，開始存錢。

女兒學會了掃地、擦桌子、洗碗、擦皮鞋，每天都忙得不亦樂乎，當然我們會付給她相對的工錢。每次女兒都把我們給她的錢全部放進存錢筒，然後開心的數上一番。而後，女兒做得更賣力了。

當然，女兒的賣力勞動最終換來了那套她心儀已久的玩具。

自己存錢買玩具，讓女兒懂得了金錢來之不易，要得到自己想要的東西必須付出勞動。自然女兒亂花錢的毛病也就不治而癒了。

評論：聰明的母親善於抓住孩子想買玩具的急切心情，讓女兒透過自己的勞動來賺錢，從而體會到賺錢的不容易，讓女兒養成不亂花錢的好習慣。

現在，隨著經濟水準的提高，家庭生活條件也越來越好，孩子手裡的零用錢也多了起來。孩子亂花錢的現象越來越普遍，成了不少家長的頭痛事。以上三個案例中的家長。都針對孩子亂花錢的現象找出了原因，對症下藥，收到了較好的教育效果。

★ 理財小叮嚀：把零用錢放在三個罐子裡。

美國著名作家戈弗雷在談到儲蓄原則時指出：孩子們可以把自己的零用錢放在三個罐子裡。第一個罐子裡的錢用於日常開銷，購買在超級市場和商店裡看到的「必需品」；第二個罐子裡的錢用於短期儲蓄，為購買「芭比娃娃」等較貴重物品存資金；第三個罐子裡的錢則長期存在銀行裡。為了鼓勵孩子存錢，可以陪孩子一起去銀行存錢，並以孩子的名義開一個戶頭。

小資家庭子女留學選擇那些國家較合適

在現在的留學大軍中，只有很少一部分學生是憑藉自己出色的外語和綜合實力取得國外獎學金留學的，大部分都是靠家長的錢財物力支撐起來的。針對越來越多的小資家庭子女選擇自費出國留學的現狀，筆者對比了一些熱門留學國家的相關情況，供您參考。

1. 英美名校的海外分校

目前，不少英、美、澳洲的名校在世界各地都開展分校從事教育，有教育專家分析，中外聯合辦學，國外名校在各發展中國家開分校將是未來國際教育發展的一個大趨勢。

例如：英國諾丁漢大學，在馬來西亞開有分校。據悉，該分校是馬來西亞成立最早的一所分校，實際上也是全世界第一所，教師都是由英國諾丁漢大學直接派遣。分校學生除了學費低廉外，在讀第二學年的課程時，學生可以自由選擇到諾丁漢大學本部讀一個學期或一年的學習，學生只需要支付在馬來西亞分校學習同等的學費。另外，澳洲著名的莫那什大學在馬來西亞也有分校，開設有工商、電腦、工程、傳播等多種學科的學士學位。

目前此類分校拿到的證書和本土是完全一樣的，對資金有限的小資族有很大吸引力。不過值得注意的是，要就讀此類分校，一定要先審查其辦學資質。

2. 法、德公立大學

德國有 300 多所免費的公立大學，30 多所私立收費大學。入學條件合格的外國學生無須參加任何入學專業考試，可選擇適合自己的院校就學。大學教育免費，大學期間允許打工；全球著名的高等教育水準；畢業獲得世界各國承認的學位，就業空間廣闊！法國公立大學實行免費學位教育，專業種類齊全，法語為第三大語種應用廣泛就業前景無限，還可轉向北美工作或移民加拿大。

3. 新加坡

新加坡五所理工學院為理工類學生提供高額助學金，另外新加坡的 SQC 私立院校很多可以直升英國、澳洲、美國等大學繼續深造。

4. 日本、韓國

日本高品質的教育和先進的教學設施被世界公認，專業設備超前、實用且國際化，教育體制完善，擁有多所世界一流大學；而韓國也是位居亞洲前列的經濟強國，私立大學品質高、信譽好，打工機會多，申請手續簡便。

5. 泰國

泰國在大多數人的心目中只是個熱門的旅遊國度，但還不是熱門的留學國度，其實這裡是小資家庭子女留學的好方向。位於泰國首都曼谷的泰國易三倉大學是泰國第一所國際大學，也是泰國最早採用全英語教學的學府。其中的工商管理和電腦專業在亞洲處於領先地位，到目前為止，該學校已與世界知名大學聯合培養學生。

6. 俄羅斯

俄羅斯聖彼得堡國立大學始建於 1906 年，教授高等商業課程。優勢在於簽證速度快獲簽機率高；藝術、醫學、工程、建築專業世界聞名；環境優美文化底蘊濃厚；文憑含金量高，就業前景光明！

7. 波蘭

由於波蘭已經正式加入了歐盟，根據歐盟相關法律，學子們不必非要去擠直通歐美相對發達國家審查嚴格的大門，可轉而取道波蘭，把其當作通往西歐和美國的中轉站。

留學波蘭沒有雅思及托福成績限制。目前波蘭的大學分為以當地母語和以英語授課兩種形式，留學生可以任選其一，只要英語能適應當地授課的進度，透過申請就可以很輕鬆入學。而且還可以利用業餘時間學習和了解一下波蘭語，多掌握一門小語種呢。

8. 荷蘭

每年荷蘭的一些知名大學都會舉辦招生說明會，學生如果參加校方的面試，就能獲得和校長或招生主任面對面交流的機會，這是學生表明自己的入學願望、展現才能的好機會，能極大增加錄取機率。

除此以外，一般來說赴荷蘭留學就讀預科需要雅思 5 分以上，入讀大學要求雅思 6 分以上。在這種硬性要求下，學生一定要提早準備語言成績。

9. 馬來西亞

馬來西亞教育的最大優勢在於「課程轉移」，其實際就是將英、美、澳、加、新等國著名大學的課程部分或全部（2+1、3+0）轉移至馬來西亞分校或合作院校，畢業時獲得由英、美、澳、加、新等國著名大學頒發的學歷文憑或學位證書，並為國際公認，這種雙聯課程或學分轉移制課程，學士學位學制僅三年，可節省很大一部分留學費用。

馬來西亞在商務、酒店與旅遊管理、管理學、電腦科學、大眾傳播學、工程與應用科學、文學藝術等領域，具有世界和亞洲領先水準。院校中的國際課程大多圍繞如何運用專業知識來解決實際問題而設置的，並為學生提供大量的實習機會。馬來西亞是英聯邦國家，其英語普及率非常高，英語是正式的生活語言和工作語言。馬來西亞 99% 的院校採用全英文授課。

★ **理財小叮嚀：根據家庭的實際情況選擇留學國家**

出國留學的目的是學習更多的知識，而不是混文憑。一般來說，國外留學的花費是不菲的，供一個在國外留學的孩子的費用，足以讓一個小資家庭背上後半輩子難以翻身的債務。因此，小資家庭的子女在做出國留學決定的時候要考慮清楚，自己是不是真的打算去好好學習？出國留學是不是真的對自己未來的發展有所幫助？而不要把出國留學當成逃避就業的藉口。

為子女教育要做到三要三不要

都說青春期的孩子是叛逆的，當孩子上到中學，很多望子成龍的家長深為苦惱，孩子怎麼一點不聽話呢？上次考試怎麼又沒考好呢？究其原因，還是對子女教育的認識存在一定偏差所致。作為家長，在子女教育上應該堅持「三要三不要」的原則。

一要正確認識孩子的發展潛能，不要給孩子過多的精神負擔。作為一名普通家長，我非常理解父母望子成、望女成鳳的急切心情。但我們也必須清醒的看到我們生活著的這個人類社會本來是由芸芸眾生組成的，無論哪個時代，天才總是鳳毛麟角，多數都是平凡人。平凡如斯的我們沒有理由要求我們的孩子必做愛因斯坦第二不可。要知道子女教育是個平心靜氣的事業，來不得半點浮躁。

一位比較成功的家長說：「我常常拿孩子的學習狀態同當

年我的表現比，因為我有一個非常平庸的少年時代，所以我常常為我的孩子自豪，她比她爸強多了。我特別反對父母把自己未完成的心願強加於孩子的做法。因為孩子應該的孩子的生活與理想，我們實在沒有理由要求孩子為我們自己的理想而做無謂的努力。」 事實的確如此，如果你對孩子期望過高，帶給他的必然是過大的精神負擔和壓力，這些都是阻礙孩子正常成長的因素。

二要把握孩子成長的關鍵要素，不要緊盯分數、求全責備。孩子一上學，很多家長就盯住了一張晴雨表，那就是孩子的分數。七十不滿意，因為不優秀，八十不滿意，因為不突出，九十不滿意，因為不頂尖，九十八分還是不滿意，因為不完美。所以舉凡考試，必有批評，必有數落。這種求全責備的做法其實是違背教育規律的。對於孩子的教育應該把握住他成長的關鍵時刻，而分數的多少，尤其是小學、國中階段的分數，並不能說明什麼問題，聰明的家長應該減少對孩子這方面的關注，而將目光更多的放在五個方面：一是安全，安全是本，天才也得以命為前提；二是健康，健康是舟，書海浩瀚，捨此無遠行之基；三是快樂，因為快樂是智慧的源泉，是一切奇蹟賴以生長的土壤；四是習慣，因為習慣決定性格，性格決定命運，好的習慣受用一生，壞的習慣，遺害無窮；五是方式，相比分數，得到分數的過程，特別是取得分數的方式是更為值得我們關注的，因為它將決定孩子一生成就的大小。當你抓住了這五個關鍵點，你會逐漸發現孩子一兩次成績差點也是沒有什麼大問題的。

三要俯身體會，深入溝通，不要自以為是，越俎代庖。孩子上三年級後和父母的溝通開始困難，這就是人們所謂的代溝。其實不應該存在什麼代溝，因為我們都從孩提時代走過來的，理所當然應能體會孩子的感受。如果我們經常換位想想，與孩子做更深入的溝通，我們和孩子間就會比較和諧。曾經有位教育專家說：「如果孩子與家長之間出現代溝，那麼問題一定出在成年人，特別是父母親身上。」父母比孩子更有生活經驗，在遇到分歧的時候更應迅速冷靜下來，站在孩子的立場，用孩子的思維方式，想一想，體會體會，再做進一步處理。這時候一不要自以為是，不斷斥責。二不要一氣之下包辦代替。越俎代庖可能首先養成的是孩子的依賴心理，同時剝奪了孩子在實際中得到發展的機會。

★ 理財小叮嚀：與孩子一起成長

家長是孩子的第一任教師甚至是孩子的終身教師，應做到身體力行。現實生活中，一些家長說是說，做是做，言行不一，一邊要求孩子學會尊重，學會關心，自己卻夫妻反目，婆媳相嫌；一邊要求孩子努力學習，不斷進步，自己卻安於現狀，不思進取。所以父母在對孩子進行教育時，要不斷提高自身素養和道德修養，同時，要學習教育學和心理學知識。目前呈上升趨勢的青少年違法犯罪的原因，許多是家長採取簡單粗暴的

教育方法，致使孩子失去對家庭的信任感，流落社會，造成失足。因此，家長應透過學習，參加培訓，了解青少年心理發育特點和教育規律，與孩子建立平等、和諧、民主的家庭關係，努力與孩子一起成長。

如何對孩子的壓歲錢理財

過年造就了一批「小富翁」，如何幫助他們用好手中的壓歲錢，成了家長當下操心的大事。讀小學 5 年級的牛牛收到的壓歲錢比往年翻了幾倍，因為姑姑和姐姐從澳洲回國了。往年牛牛的壓歲錢大概能有 5,000 元左右，父母通常留給他 1,000 元左右的零用錢，其餘的由父母代為保管。今年，光是姑姑就給了牛牛 5,000 元的壓歲錢，加上姑姑的不少朋友來家裡做客，看到牛牛也都給了壓歲錢。這樣一來，牛牛的壓歲錢漲到了 8,000 多元，這對孩子來說可不是一筆小數目，牛牛的父母不知道該怎樣為孩子更好規劃這筆錢。

由於每年收到的壓歲錢數額水漲船高，像黎女士這樣開始為孩子的壓歲錢理財的家長不在少數。專家建議，壓歲錢理財重在有保障，也就是說，看重資金的保值而非增值。另外，透過打理壓歲錢，向孩子教育理財意識同樣不可忽視。

設立兒童理財帳戶

如果壓歲錢數目較大，家長可以設立兒童理財帳戶。孩子們對於金錢還沒有完全的掌控能力，家長要給他們一定的理財自由，以培養興趣。父母可以讓孩子持有金融卡並設定自己的密碼，使孩子感受到一定的自由。透過孩子日常花費有所了解。平時在父母給予的上限金額內，孩子可以自由支配金融卡中的金額。

如果數額較小，沒有必要存在銀行，家長可以為孩子建立帳本，壓歲錢由家長代管，孩子需要花錢時，就從這個帳本上領取。帳本讓孩子自己管理，把每筆費用的支出額度、用途都清楚的記錄下來。家長可依這份資金流量表，看看孩子的消費傾向，而孩子可透過記帳培養出良好的理財習慣。

儲蓄保險

「2 年前我為自己的女兒買了人壽的一款分紅型保險，這種保險既可獲得人身保障，又可分紅增值。」某銀行理財師張先生告訴記者，「孩子每年的壓歲錢都將投到這份保險帳戶，連續繳費 10 年，直到孩子長大成人。」他建議，打理孩子的壓歲錢可首選儲蓄型保險。

其實，儲蓄型保險因為收益和保障兼備，已成為各保險公司推廣的險種。市場上的儲蓄型保險琳琅滿目，因為投資期限長，又具備一定的返還功能，可滿足孩子未來的成長、教育支出所需。如分紅型，繳費 10 年即可享受 15 年的穩定收益，投保後每 3 年還可返還基本保額的 30%，可用於孩子小學至高中的教育金，滿期可一次性領取大學教育金，並享受累計年度分紅，同時，還可附加 18 種重大疾病保障，獲取收益的同時可享

受一定的保障。

張先生說，買保險的另外一個理由是，透過保險讓孩子懂得什麼是保險，從小樹立保險觀念。

基金定期定額

基金定期定額可長期投資，分散市場帶來的風險，對未來有資金需求的人來說是個較好的選擇。「雖然股市有漲有跌，但從歷史經驗來看，股市長期的走勢是向上的，如果以 10% 的年回報計算，每年僅存入 24,000 元，10 年後的收益也是可觀的。當然，可自行決定每月定投還是每年定投。」張先生說，「基金可培養孩子對總體經濟的理解，同時在基金漲跌中使孩子認識到風險的存在、鍛鍊風險承受能力。」

基金業人士認為，選擇指數型基金更適合定投，由於指數型基金可以實現風險控制和降低平均成本。在長期市場中，投資期限越長，承擔的風險越低，平滑市場風險的特點越顯著；並且投資者可以無須過多關注市場的波動變化，如果選定某支優質基金，只需定期掌握基金淨值情況，並對總體經濟走勢有所把握即可。

人壽理財師建議，對於已滿 18 歲的孩子，家長可直接為其開立屬於自己的基金帳戶，說明其學習基金交易的知識，並嘗試拿出壓歲錢的一部分進行基金投資，如果條件允許，還可以請投資專家進行指導，並有意識的帶孩子去聽一些投資理財講座。對於未滿 18 歲但又已經上學的孩子，由於尚不能以自己名義開立投資帳戶，可以家長名義進行基金投資，同時讓孩子全程參與投資過程，根據不同的年齡進行由淺入深的引導。

教孩子親自嘗試投資，不僅可讓孩子了解基本的投資知識，而且可讓孩子懂得手中的錢透過投資是可以不斷增值的，如果克制暫時的消費，可讓手中的錢生錢。

★ 理財小叮嚀：讓孩子學會收藏投資

作為常規的理財方法，收藏也是其中之一，如果孩子年紀比較大，上了國中或高中，同時他對集郵、集紀念幣等比較感興趣，就可以讓孩子用壓歲錢購買。這樣，不僅可以培養孩子對收藏藝術的興趣，還可以陶冶性情，等以後這些收藏變現時，收益可能會高於普通的投資。

電子書購買

國家圖書館出版品預行編目資料

斜槓荷包：薪水別越賺越窮！小資必備的懶人理財術 / 喬有乾，高沛著 . -- 第一版 . -- 臺北市：崧燁文化事業有限公司，2021.06

面； 公分

ISBN 978-986-516-672-4(平裝)

1. 個人理財

563　　110008011

斜槓荷包：薪水別越賺越窮！小資必備的懶人理財術

作　　者：喬有乾，高沛
發 行 人：黃振庭
出 版 者：崧燁文化事業有限公司
發 行 者：崧燁文化事業有限公司
E-mail：sonbookservice@gmail.com
粉 絲 頁：https://www.facebook.com/sonbookss/
網　　址：https://sonbook.net/
地　　址：台北市中正區重慶南路一段六十一號八樓 815 室
Rm. 815, 8F., No.61, Sec. 1, Chongqing S. Rd., Zhongzheng Dist., Taipei City 100, Taiwan (R.O.C)
電　　話：(02)2370-3310　　傳　　真：(02) 2388-1990
印　　刷：京峯彩色印刷有限公司（京峰數位）

定　　價：299 元
發行日期：2021 年 06 月第一版

臉書

蝦皮賣場